YOUTH PROFILES OF TSINGHUA

第六辑

张婷 主编

清華大学出版社
北京

图书在版编目(CIP)数据

清华少年说.第六辑/张婷主编. —北京：清华大学出版社，2021.9（2025.4重印）
ISBN 978-7-302-59170-2

Ⅰ.①清… Ⅱ.①张… Ⅲ.①清华大学—大学生—访问记 Ⅳ.①K828.4

中国版本图书馆CIP数据核字(2021)第181762号

责任编辑：王巧珍
装帧设计：王红卫　林　琳
责任校对：王荣静
责任印制：刘　菲

出版发行：清华大学出版社
网　　址：https://www.tup.com.cn，https://www.wqxuetang.com
地　　址：北京清华大学学研大厦A座　　邮　　编：100084
社 总 机：010-83470000　　邮　　购：010-62786544
投稿与读者服务：010-62776969，c-service@tup.tsinghua.edu.cn
质 量 反 馈：010-62772015，zhiliang@tup.tsinghua.edu.cn
印 装 者：天津鑫丰华印务有限公司
经　　销：全国新华书店
开　　本：145mm×210mm　　印　　张：10.375　　字　　数：275千字
版　　次：2021年11月第1版　　印　　次：2025年4月第3次印刷
定　　价：68.00元

产品编号：094064-01

本书编委会

主　编：张　婷

副主编：任仕廷　王威暘

编　委：李亚东　张岱渭　苗　慧　刘　充　张子涵

高源龙　毛俊松　严振峣　梁飞虎

总序

先与大家分享我最近的一些感受。去年11月，我与几位教师送赴藏工作的毕业生到任。到拉萨后，西藏自治区党委书记陈全国同志与我们见面，我说，这些年，清华有一大批选择在包括西藏基层乡镇工作的学生，他们在毕业时做出了有方向性意义的事业和职业选择。这一选择，是能够代表中国青年未来方向的，也因此代表了中国未来的方向。

说这话的时候，一个个鲜活的、充满着青春朝气的面孔，像电影画面一样，在我的脑海里渐次闪现，融进清华园及山川大地的背景之中，重叠交错起来，我禁不住热泪盈眶。

这是一批优秀的清华学子。清华园里的求学经历，在他们的骨子里刻下清华的大学文化印迹，若仔细看，你会从这印迹里看到非常丰富的内涵，有家国天下的情怀，有中外、古今及文理的贯通与会通，有严格科学训练后的严谨求实，有对生活的热爱和追求，有挑战未来的勇气和信心……因而他们在毕业时，能够做出这样的职业选择。他们不是只为自己有更好的生活，而是希望通过努力，让更多的人能够过上幸福美好的生活。很多清华同学放弃了好的生活环境，放弃了高薪收入，而去了边远的乡村基层，去了与国家利益紧密关联的机构和单位，他们经历着挫折和煎熬，努力着，奋斗着，甚至牺牲着。

作为老师，我看着这些同学怀着青春的梦想，进入清华，看着他们在清华园里成长、成熟起来，看着他们内心变得强大起来，看着他们建立起面向未来的更宏大的抱负和梦想。"清华研读间"微信公众号推出的一篇文章《在清华大学就读9～10年是怎样一种体验》中有这样一段话："几年清华生活下来，看到越来越多清华师长用'自强不息，厚德载物''行胜于言'扛起一代清华人优秀品质的旗帜。如果说这样的人在入学时还有些遥远感，现在却对这些人编织出一张连续的图谱，自己的同窗挚友已经成为这样的人。"我深有感触。

《清华少年说》里讲的就是这样一批清华学生。他们身上展现出了清华学生的优秀品质，他们每个人也有着自己的突出个性。我们也可以从中了解和认识当代清华学生的特点，了解他们的思想，他们对自己、对社会的认识，他们对待生活、工作的态度，等等。

作为清华的一名教师，有机会与这样一批优秀的同学在一起，与他们深入交流，与他们一同成长，被他们鼓舞和鼓励着，我也因此被极大地丰富了，无论是在思想上和精神上。这是教师独有的一种幸福。

以此为序。

清华大学党委副书记 史宗恺

2016年5月

前言

回首过去这一年，心底总有个声音在提醒我们，清华园里的一些人一些事，值得再讲一遍。正如5年来《清华少年说》始终所坚持的，用文字记录过去每一年清华人的故事，映射寒来暑往中每个人的青春与梦想。这故事中，有我，有你，有他。

过去这一年，是从一个来不及告别的夏天开始的。

2020年6月，北京疫情防控形势陡然严峻，众多清华毕业学子不得不按下返校暂停键，在不同地域参加了特殊而难忘的“云上”毕业典礼。那时，清华园草木繁茂、郁郁葱葱，却仍显出几分寥落和凄清。

纵然时光飞逝，但总有人在执着等待。毕业典礼上，“清华永远是你们温暖的家”，让四年成长如骄阳般炙热，让美好理想似星辰般闪亮。

这一年，我们一起以秋风为伴，踏返校归途，在阔别8个月后回到魂牵梦绕的清华园；这一年，我们一起寻校园初雪，度难捱严冬，在寒风凛冽的清晨祈盼春风拂面；这一年，我们一起诚邀四海宾朋，共庆清华百十华诞，在最美人间四月天畅谈大学之道；这一年，我们一起簇拥夏日繁盛，仰望浩瀚星空，在欢声笑语与依依惜别中重新出发。

一年的时间很短暂，清华人的故事却很长。

一路坎坷一路崎岖，魏钰明练就了坚韧的内心，论文5

年修改 70 稿,在没有终南捷径、看不到前方的漫长征途中始终等待着、希望着。一封短短的书信,李金峰体会到抚慰人心的力量,在 600 多个志愿工时中感受双向的馈赠,在疫情大考中交出清华志愿者的精彩答卷。一次田野考察,贾煜洲唤醒尘封的儿时记忆,每一次虔诚的从心之旅都是对真实的探寻,都是对少数民族文化的坚守与传承。一份守护的承诺,经求是让国旗在清华园里照常升起,180 多天从未间断,在艰难时期迈出了清华人的铿锵步履……

这一年,清华园还有很多的人、很多的故事值得我们咀嚼回味。而囿于篇幅所限,我们忍痛割爱,无法全部收录。但这些具体而微的故事,是清华百余年悠长历史的新诠释,更将清华人的行健担当、自强厚德印刻在了中国大地上。正如梁启超先生的铿锵豪言:"美哉,我少年中国,与天不老!壮哉,我中国少年,与国无疆!"今天,我们重温这些,找寻过去一年清华园里的共同记忆,我们无不自豪地说:"美哉,我少年清华,与天不老!壮哉,我清华少年,与国无疆!"

天上双星合,人间处暑秋。暑热消散,一批"新主人"即将来到清华园,开始书写属于他们的清华少年故事。愿他们心怀远方,叩岁月回响,一路花香一路唱。

目录

CHAPTER

01

第一章

学 古 探 微

陈逸贤：星空浩瀚无比，探索永无止境

文　陈丽阳 程雨祺

- 陈逸贤　清华大学物理系2016级本科生

特奖答辩的海报上，三篇天体物理论文的题目被放在最显眼的位置。尽管可能因之前两次获得英语演讲比赛冠军而为人熟知，但陈逸贤还是将更多的重心放在科研上。

陈逸贤在进行英语演讲

科研方向：前瞻性是一种学术品味

陈逸贤现阶段主要从事的科研方向是天体物理中的行星研究。这个在20世纪90年代才进入科学家视野的领域在近二十年内蓬勃发展,2019 年诺贝尔物理学奖的一半就授予"发现了一颗围绕类太阳恒星运行的系外行星"的 Michel Mayor 和 Didier Queloz。

"类日行星系中有 30%是近日超级地球,10%是远日巨行星,这两种行星非常广泛地分布在外行星系中,比近日热木星的出现率要高很多。但是有很多因素在威胁它们的存在,例如,超级地球可能会很快地吸积气体膨胀为巨行星,而远日巨行星有可能在行星盘内迅速向内迁移到恒星附近变成热木星,远日巨行星可能在盘中进行快速的动力学吸积长成褐矮星,等等。针对以上三种问题,我的三篇文章分别提出并研究了相应的可能解决机制。"

对于自己现阶段的科研成果,陈逸贤非常谦虚:"其实我做的东西、用到的工具都还是比较基础的,许多做凝聚态和高能物理的学长做的东西就非常深奥,需要很深厚的物理背景才能做。"

陈逸贤选择现在的科研方向并非出于偶然。2018 年年末,当他找到林潮老师时,已经对观测有所了解的他本来打算做"大黑洞和周围一些小黑洞相互作用产生引力波"的课题,但由于当时还未学习广义相对论,林潮老师建议他先选择一些行星的题目。

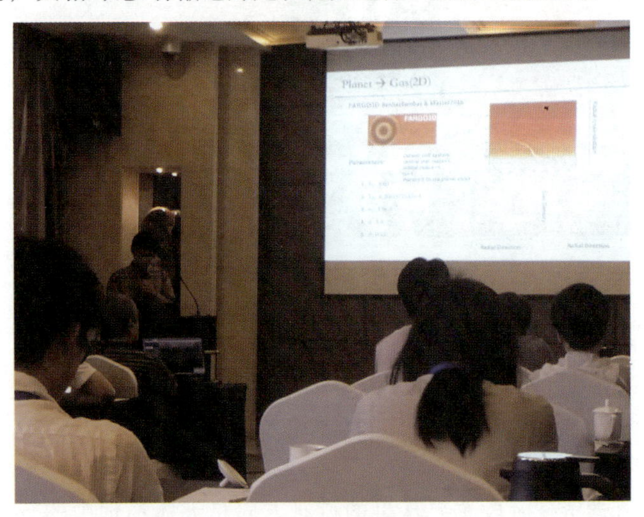

陈逸贤在做报告

"林潮老师对我说，提出正确的问题，比找到正确的答案更重要。毕竟所有人都在追逐热点问题并寻找答案，但很少有人能另辟蹊径，敏锐地察觉到暗处的宝藏。从某种意义上说，这就是杨振宁老先生说的，看不见摸不着的'品味'。林老师就是一个品味很好的人。'品味'，不是 2017 年诺贝尔奖颁给了引力波，就让我 2018 年也继续做；而是林老师 2018 年建议我做行星，诺贝尔奖在 2019 年就颁给了行星，2019 年建议我去做超大质量黑洞，诺贝尔奖在 2020 年就颁给了超大质量黑洞。这种前瞻性深深地震撼了我。"

导师选择："尽量多找一些老师聊聊，再确定自己的方向"

陈逸贤大一时就参加了张有宏老师的天文 SRT（Students Research Training，清华大学大学生研究训练计划），主要是分析费米望远镜的探测数据。在接受了一些编程和学术训练之后，陈逸贤意识到自己的兴趣可能更偏向于理论研究，于是便找天文系（前身为天体物理中心）的冯骅老师交流，希望跟着他做研究。冯老师建议他多找一些老师聊一聊，"不要因为你只认识我就跑到我组里来，你应该多认识一些老师，再确认哪里最适合你"。

于是，在接下来的几个月里，陈逸贤找了许多天体物理中心做理论研究的老师。他联系白雪宁老师后，白老师把他加到了课题组例会的邮件列表。令人意想不到的是，陈逸贤从中收到的第一封邮件不是组会通知，而是美国艺术与科学院院士、高研院研究员林潮教授访问清华的消息。陈逸贤来到林潮老师的办公室面谈了几个小时，"一切都是那么投缘"，他就这样将林潮老师确定为自己的导师，也找到了自己的科研方向。

在通往科研的道路上，陈逸贤很感谢几位风格不同的良师益友。白雪宁老师在每年的春季学期都会开一门天体物理的研究生课。陈逸贤大二时不仅参加了这门课程，还积极参与了课堂讨论。"当时的大主题是等离子体天体，我的题目是转动不稳定性，相当于从零开始调研,我就一步步地找文献、推公式。在整个过程中,白老师也给了我非常悉心的指导。”白雪宁老师的风格是比较“严格”的:“大二结束的时候,我在第一个课题上有了一点初步进展,就去乌鲁木齐参加一个高研院举办的学术会议,并在会议上作 15 分钟的报告。我跟白老师讲能不能给我 20 分钟,他的回复是,如果我对课题足够有把握,无论是两分钟还是两小时都应当能讲得游刃有余。后来,我精心调整了报告内容,用 15 分钟将课题很完整地讲了下来。”

林潮教授则是另外一种风格。“林老师自己是很‘工作狂’的一个人,他每天只睡六七个小时,数十年来皆是如此。但是他对学生很‘放养’,可能因为他的学生太多了。”林潮老师目前没有固定的科研项目组,指导的学生也是“loosely connected”,因此陈逸贤的课题基本上是由自己主导。“林潮老师的研究范围很广,基本上跟动力学相关的内容都有涉猎;我和一个做博士后的学长一起讨论具体的问题,林潮老师指导大方向。如果你遇到瓶颈,林潮老师会和你一起想办法,然后你再自己推进或者找合作。”陈逸贤和导师的关系也非常亲密:“林老师 2019 年刚退休,我在伯克利交换学习的时候偶尔会跑到他家里面蹭吃蹭喝。”

陈逸贤在高研院

对于科研方向的选择，陈逸贤认为适合自己的才是最好的。“我自己比较喜欢理论研究，因为想象空间很丰富，当然有时候觉得自己很‘民科’。”陈逸贤建议同学们在可能的范围内多做尝试，选择适合自己的方向，找到兴趣是最重要的。

交换经历：不要让课业去主宰你的选择

对陈逸贤来说，有两个东西对科研至关重要：一是思路的连续性，这样才能抓住瞬息的灵感；二是与人合作，分享想法和计算结果。在伯克利的半年里科研时间比较充足，回国后的半年也因疫情出不了门，陈逸贤就在这一年里对自己之前的许多工作进行了完整的总结和优化，主要的论文也都是在这段时间发表的。他说，在伯克利相当于经历了半个多学期的博士生生活。

在伯克利，陈逸贤感受到和清华很不同的氛围。“那里的老师布置了很多加分项和选做题，居然没有几个人去做。很多课的考试都带回家去，能开卷的就开卷，所以非常舒适休闲。”也正因如此，他有充足的时间去做科研，也能在课程上拿到全 A。据他自己估计，相同的投入在清华通常只能拿到课程的 B+或者 B。“在清华得 B 或 B+完全不是一件可耻的事情，放在别的学校甚至可能拿 A，而且这样的成绩在科研里肯定够用……说到底，还是因为清华竞争比较激烈。”

陈逸贤认为，如果不过度看重成绩，清华的整个格局就会有一定的提升。如果内卷是在跟别人比，那缓解内卷压力的方式就是更多关注自己的成长。但是这种情况下一定要有自控力。“如果自控力不强，你就会觉得今天比昨天多看了一两页书，就可以‘躺平’了，因为已经比昨天的自己进步了。这种时候你又需要同侪压力来警醒你一下，这是个动态平衡。”

从伯克利回来，对于如何平衡课程与科研的问题，陈逸贤有了思想上的转变。他比较倾向于“带着问题学”的方式，因为实际情况是“不会把书都锁起来让你背公式做科研”。但是做科研要把握好一个度：对一个东西到底无知到什么程度才应该放弃。比如，一些计算工具看文章就能看懂，就可以直接推进科研课题；广义相对论就不可能从文章中看懂了，必须学过真正的课才能推进。陈逸贤认为，在学业服务科研的理想状态下，似乎不应该有平衡课程与科研的问题。但是实际情况下，培养方案不可能保证所有内容都适合于某个特定的人或者特定的研究方向。他建议大家：“让兴趣去主宰你的课业，不要让课业去主宰你的兴趣。”

陈逸贤在伯克利

解海鹏：清华园里的奔跑者

文　解海鹏

• 解海鹏　清华大学能源与动力工程系 2017 级本科生

解海鹏，男，汉族，2000 年 1 月出生，中共党员，清华大学能源与动力工程系 2017 级本科生。曾获国家奖学金、国家励志奖学金等奖励，2019—2020 学年度获得清华大学本科生特等奖学金。

解海鹏

一个人的奔跑，贵在坚持与自我要求

作为家乡中学十几年来唯一考入清北的学生和家里的第一代大学生，初入清华园的解海鹏在知识基础和综合素质等方面与周围同学有着很大差距。

“我觉得身边的同学太优秀了，做事效率都很高。我只有加速奔跑才能不掉队。”

解海鹏将大量的时间投入在课程的学习上，按照不同课程的学习特点排满自己的时间表，但他仍在第一次期中考试中备受打击，多门课程成绩不理想。“当时感觉整个人蓄满了力量却一拳打在空气中，很不甘心。”

但是解海鹏并没有因为受挫而停留在原地，而是及时地反思与调整。“我开始认识到追赶不会立竿见影，只有对自己有信心才能继续向前奔跑。”抱着这样的心态，解海鹏不断更新自己的学习方法，采用了灵活的时间规划、课后快速自我回顾以及知识体系的及时总结等方式让自己的学业成绩稳中有进，最终取得了能动系推研年级排名第二的成绩。

在科研上，解海鹏也在奔跑。从最初的阅读文献毫无头绪到能动系“学术优才”综合考核连续两年优秀，对解海鹏而言，坚持和自我要求是他取得进步的关键。

解海鹏（二排左五）参加 2019 年清华大学校园马拉松 10 公里组比赛

在学习和科研之余，解海鹏经常在校园里夜跑。“最开始是需要完成阳光长跑的考核要求，但跑着跑着就爱上了这项运动。”每一次速度上或距离上的突破都让他感到无比畅快。

解海鹏认为坚持长跑既能提高他的韧性，也能让他释放压力。“我很喜欢跑步，因为在跑的过程中我可以放空自己，享受自由的呼吸。”

跑累了也会歇一歇

“我不能始终保持高效工作，需要给自己留一些时间去调整。”在这些自我调整的时间里，解海鹏选择了阅读与实践。

清华优质的阅读条件让解海鹏体会到了阅读的乐趣。“找一处安静的角落，把自己的思绪托付给一本好书，这让我感到无比自由。”

清华丰富的社会实践资源也为解海鹏提供了走出校园看世界的信心和机遇。解海鹏利用寒暑假的时间多次参加海内外的社会实践，在锻炼实践本领的同时，也丰富了自己的世界观。

解海鹏（后排右二）在俄罗斯圣彼得堡实践

跑累了也会歇一歇,为的是收拾好心情再出发。“阅读与实践既能让我放松,也能让我把心沉一沉,看看自己跑到了哪儿,以及将往哪里跑。”

我更希望能和大家一起奔跑

解海鹏在大二学年担任了能动72班的学习委员,他借鉴“学生学习与发展指导中心”的小班辅导形式建立了班级的考前辅导体系。“这个想法很简单,就是从大二开始,我们院系的很多专业课没有学生学业发展协会提供的小班辅导,于是我想能不能在班级内独立组织一个类似的辅导。”

流体力学期中考前辅导是能动72班第一次独立的考前辅导,解海鹏作为该次辅导的主讲为班级同学总结了考试范围内的知识体系并梳理了各类典型习题。“讲完之后,很多同学希望我能在期末多组织几门,我还挺受鼓舞的。”

在试点运行成功后,解海鹏在期末应同学的要求把考前辅导推广到了其他专业课程。“我们班的同学都很热心。我当时找到班里几个成绩较好的同学,希望他们能和我一起在期末各自主讲一门专业课程。大家都很乐意为班级同学服务。”

能动72班的考前辅导体系在大三学年顺利传承到下一任学委的工作中,成为该班学风建设的主要环节。在解海鹏和下一任学委的努力下,该班在大三学年取得了全班零挂科的成果。“我一个人不能把活动做大做好,这靠的是大家共同的努力。我更希望能和大家一起奔跑。”

路漫漫其修远兮。相比于已经取得的成绩,解海鹏更希望自己能始终保持奔跑的精神。“我觉得真正重要的是能选择好自己的路,并在这条路上勇敢地奔跑。”

祝愿解海鹏和每一位追梦人都能在自己选择的路上勇敢地奔跑。

能动 72 班 2019 年教师节合影(前排右二为谢海鹏)

刘泓：科研之路，因热爱而持续探索

文　王凯文 秦源璟 杜念臻

• 刘泓　清华大学电子工程系2017级本科生

初见刘泓，我们看到的是一个内敛、亲和的大男孩：面对特等奖学金的殊荣，他非常谦虚；手握3篇顶级会议一作论文，却没有骄傲自满，而是朴实地向我们介绍了他的科研历程。穿着连帽衫、运动裤的刘泓，与其说有特奖得主的光环和气场，毋宁说有行胜于言的稳健和可爱。

但是，当他谈起自己热爱的科研时，我们就能感受到他的热情和与众不同。刘泓大一下学期就踏上了科研道路，仅仅经过暑假的比赛就发表了第一篇论文，到大四时他已经以第一作者的身份发表了5篇论文，其中包含发表在CVPR 2019、ICML 2019和NeurIPS 2020①的3篇顶会论文。

在科研之外，刘泓的推研学分绩排名还是系里第二。这样耀眼的成绩，在他本人的讲述下却显得水到渠成，这都源于他本科期间持之以恒的用功，正如他所说的"均匀分配学业，不让学业出现负载的波峰"。"科研挫败是很正常的，不要把挫败看得太重""搞科研的同学都有一种热爱"，无不向我们展示着他的稳健、睿智、踏实。

---

① CVPR：IEEE Conference on Computer Vision and Pattern Recognition，IEEE国际计算机视觉与模式识别会议。

ICML：International Conference on Machine Learning，国际机器学习大会。

NerIPS：Neural Information Processing Systems annual meeting，国际神经信息处理系统年会。

刘泓

刘泓从大一下学期开始接触科研，对各个科研方向都做了大概的了解，找到了自己的兴趣方向，并通过一些相关网课打下了科研基础。同时，刘泓通过邮件积极联系上了导师。谈及如何找到自己感兴趣的领域，刘泓说："有些人是做一行爱一行，有些人是爱一行做一行，这两种情况都有其合理性，不妨先多接触一下，才能找到自己适合的科研方向，大一或者大二的同学也可以早一点开始去尝试。尝试的方法可以是听学长的分享，旁听各个研究所的组会，与老师面谈，读一些论文或听一些网课……这些都会有助于你了解一个科研方向的具体内容。通过一两次的试错找到喜欢的方向也是比较合适的。"

对刘泓而言，科研真正的起步，是 ECCV(欧洲计算机视觉国际会议)组织的一个比赛——他与游凯超在软件学院学生科协的小屋里做了一个假期，最终获得了第三名的成绩。虽然就结果而言并不算很成功，但这个过程让他总算是"入门"了。

刘泓虽然在暑假的比赛中"失利"了，但却从比赛中找到了自己的兴趣所在，并着手深入研究。在不断思考如何改善一个算法的过程中，他最终发现并验证了一个非常不错的算法，并由此写出了第一篇论文。之后,刘泓开始转向偏理论方向的研究,开始做对抗样本与迁移学习结合相关的工作,在大二上学期期末投稿了相关论文。之后的一年他几乎没有什么产出,经常投稿被拒,遭遇了很大的挫折,直到大三时才逐步回到正轨。

“挫败是很正常的,科研这件事可以说和挫败是画等号的。不要把挫败看得太重,投稿被拒,实验失败很正常。我一般都是整理好心情,然后第二天照常上课、照常看论文回归本来的学习节奏,心理上不会受到太大的影响。”说起这段坎坷经历,刘泓说:“搞科研的同学都有一种热爱,他们会喜欢自己正在做的事情,如果不喜欢是肯定坚持不下去的。”

在科研之外,刘泓始终没有落下学习成绩,课内成绩始终保持在年级前三名。谈及如何分配时间和精力,刘泓分享了他的心得:“学业和科研肯定是会存在冲突的,本科生当然要以学业为主,要适当地观察调整自己的学习情况,发现课内学业跟不上时,还固执地不放下手中的项目去学习课内知识,就会发生灾难性的后果。”

“另外,学习不像科研,是可以提前的,比如说我可以在暑假提前学一些,这样在开学前你的进度就会比老师领先很多,而科研又会使你的学习进度比老师慢,在学期末刚好被老师追上,进度达到一致,甚至不用怎么复习就可以去考试了,这样的时间安排就比较合理。

“再比如说 9 月、10 月通常会比较闲,如果出去玩的话到了 12 月就容易忙不过来,如果抓住 9 月、10 月多学了一些东西,刷了一些课后习题的话,到 12 月就会轻松一些。这样均匀地分配学业,不让学业出现负载的波峰就会比较舒服。”

当然,科研与课内学习的“撞车”,也足够“惊心动魄”。刘泓讲起了在美国参加国际会议口头报告的经历:“报告通常需要花费大量的时间,需要写稿并准备 PPT。印象很深的是大二暑期去参会,会要开到 15 号,而 16 号要考概率论。当时时间很紧张,我只能一边准备一边复习概率论,在洛杉矶也没有怎么玩,一开完会,时差都没倒就连忙赶回来考试。”

刘泓在 ICML2019 现场

当被问到对准备或刚开始做科研的同学的建议和忠告时，刘泓说：“要把基础课学好。微积分、线性代数、概率论、大学物理、随机过程这些课是非常重要的。只要是跟电子系有关的科研，这些课都非常重要，如果学不好会遇到很多障碍。比如看论文时忘记什么是矩阵的特征值，不得不返回去重新学习线性代数，这样就会导致科研进度落后。”

“微积分、线性代数、概率论最重要，这 3 门学科学好的话，其他知识可以通过渗透性学习获得，边研究边学习也是完全可以的。但是到后来如果做一些偏理论的研究，电子系的基础知识就不能覆盖了，要自己去补，去看很多很多的书。”刘泓补充道。

而对于“创新”这个老生常谈的问题，刘泓分享了自己的科研体会：“首先思维方式上要有一些改变，但并不是说与原来的思路毫不相干。我们现在学习的一些内容，如部分课程的大作业就有科研方面的导向。我们要在读大量文献的基础上，代入思考看前人是怎么想的，我又能如何在现有方法上提升，再结合自己在其他领域的经验，尝试把一些原来不属于这个领域的东西移植到这上面来，如果确实带来实质性的帮助，那么就创新成功了。”

“不过创新也不是那么高不可攀的事情,创新有不同类型,对一个开放性问题提出一个不同的解法是一种创新,提出一个新的问题也是一种创新。”

“如果有些同学找不到创新点,我建议多读论文,读多了自然而然就容易发现那些没有被前人踏足过的领域。”

访谈的最后,当被问起未来的打算时,刘泓说:“希望能尽量让本科课内学习保持稳定,同时科研上还有很多问题没有解决,需要我继续在这个方向推进下去,时间的长度可能不是一年、两年,可能是几年,也有可能是十几年。”

宫栋宇：始于兴趣，恒以热爱，方行长远

文　孙超

• 宫栋宇　清华大学社科学院 2017 级本科生

宫栋宇，清华社科 74 班，前 3 年推研成绩专业第一，曾任社科学院学生科协主席，获清华大学第 38 届“挑战杯”学生课外科技作品竞赛一等奖、国家奖学金等众多奖项。2020 年清华本科生特等奖学金获得者。

宫栋宇

在学习：始于兴趣，恒以热爱

宫栋宇与心理学结缘是在大一的“心智、个体与文化”课上。当时心理学全英文的授课模式吓退了许多新生，而他却坚持了下来。“用英文去学习一门专业课很有挑战性，应该也会很有意思。”他回忆起选课的初心——“有意思”。他也承认，起初是存在一定的语言困难，“但为什么不把这门课作为一个机会，去挑战自己，迈出舒适区呢?”也正是在这门挑战性极高的课上，宫栋宇不仅迈出

了舒适区,战胜了自己,还进一步认识了作为“科学”的心理学,尤其对认知神经科学最为动心。

宫栋宇生活照(一)

当谈起他的专业领域,宫栋宇的激动和赞叹之情溢于言表:“大脑是怎么产生出这么强有力的智能?人工智能虽也能做很多事情,但在整体智能水平上,与人类的大脑还是有着很大的差距。为什么人类这么小的大脑,却能完成这么复杂的运算,让超级计算机也相形见绌。”正是因为大脑蕴含无穷的奥秘与能量,才让所有怀揣好奇心与求知欲的人痴迷不已。

其实,宫栋宇高中时并不是一个理科生,却在大学期间完成了转型。当他谈起高中文理科和大学的专业选择时,他说:“其实只是高中时比别人少学了一两年的物理化学生物而已。事实上,如果之后有兴趣,再去补,并不难。只要想做,任何事都不晚。”学而不晚,这就是宫栋宇朴实而充满挑战的宣言。

出于探索未知的兴趣和冲破知识局限的勇气,宫栋宇大一下学期就已经决定在科研道路上坚持走下去。对他来说,选方向,要选择自己喜欢的、有热情的、有动力的、有兴趣的。他也提到今后的职业发展问题:“我希望我从事的职业,它不仅仅是一个职业,它更是我所热爱的事业。能把职业和兴趣结合起来,那便是最好的。”

可以看出，宫栋宇的每个选择都有一个信念指导，一言以蔽之，“兴趣”使然。从兴趣出发，我们便拥有了克服千难万险、走出舒适区的勇气，拥有了热爱一样事物并坚持到底的毅力，消散了迷茫，褪去了浑噩。

宫栋宇的特奖海报

在科研：内勤于修己，外勇于求师

对刚踏入学术大门的本科生来说，科研信息的获取和利用着实是一只拦路虎。对此，宫栋宇提出了自己的见解。“现在学校对本科生的科创支持体系已经比较完善了。”宫栋宇首先点明了外在学术条件，而在此基础上，他强调了学生内在主观能动性的不可或缺：“要培养主动的、敏锐的获取信息的习惯，关注推送、信息门户的通知；多与师长前辈沟通，获取更多的信息，少走弯路。”

如何把“知晓信息”进化为“利用信息”，宫栋宇又作了进一步说明：“了解之后，要勇于迈出第一步。我在大一上学期加入一个老师的 SRT（Students Research Training，大学生研究训练计划），大一下学期则开始自己立项。”他一再强调行动的重要性：“虽然一开始我也什么都不懂，但在不断搜索信息，找到了感兴趣的研究问题后，通过给老师发邮件，并积极约老师当面沟通交流，我的科研生涯得以正式开启。”

可见，无论是科研信息的获取，还是对信息的加工利用，主动都是最好的推动力。在项目推动方面，宫栋宇又就“处理与导师之间的关系”做出了经验分享。很多同学在面对学术大牛时，总会有一种敬畏心理，很难鼓起勇气去交流。而宫栋宇却和导师有着亦师亦友的良好关系。在赴阿姆斯特丹研修时，宫栋宇与导师（荷兰皇家科学院院士级学术大牛）相处时，并没有畏惧心理，当有了新的研究进展时，他就会主动去敲导师的门，和导师进行讨论。“科学研究中，和导师沟通一定要主动、及时、积极。把导师看作自己研究的向导、指引者，而不是一个高高在上、遥不可及的命令者、指挥者。”

当然，宫栋宇在科研道路上也并非一帆风顺。他曾报名参加了两次“挑战杯”，大三拿了一等奖，而大二那次却连院系初审都未通过。初审失败后，他也进行了反思，找到了缘由。虽然那次失败已经过去了很久，且在大三时也获得了更好的成绩，但宫栋宇一直记在心里。严于律己又锲而不舍、不畏挫折，正如他始终秉信的那样：“不怕跌倒，就怕不能站起来跑。”

在社工：平衡之上，拓一片新野

宫栋宇的社会实践经历十分丰富，几乎每个寒暑假他都要参加社会实践，足迹广布国内外。当谈及实践与学习之间的关系时，宫栋宇感慨：“这些实践肯定没有影响我的学习，反而告诉我，行万里路，会了解到一个更加生动的中国社会，这有助于培养家国情怀和本土情怀。海外的实践经历则有利于拓展全球视野，了解全球话语语境下的中国，同时也会帮助你以更加包容的心态去看待更多的事情，因为你会了解到这个世界的多样性、多元性，了解到不同国家的政治、经济、文化的差异。这给你整个看待问题的方式、思考问题的角度都会带来较大的改变。”

社科学院学生科协合影（左七为宫栋宇）

除了丰富的社会实践，宫栋宇在社工方面也有所收获。他谦虚地向我们分享，前三年做社工不多，大一是班级宣传委员，大二、大三则是担任班长。到了大三下学期他担任了社科学院的科协主席。“为对科研感兴趣的同学提供更多的资源”，这是他加入的初心。

我们可以看出，宫栋宇成功把握了平衡之道，抓住一切可行的机会，拓展自己的视野，操练自己的社工能力，同时为周围同学做一些力所能及的事。

在生活：劳逸结合，做有血有肉的人

课余的宫栋宇又是个怎样的人呢？在访谈中，他提起最近一直都早起健身，闲暇时也喜欢听纯音乐，喜欢看科幻相关的小说、影视作品,偶尔逛逛哔哩哔哩。宫栋宇对跑步情有独钟,尤其在前三年焦虑的时候,跑步大大缓解了他的压力。在他看来,跑步是一种帮助人“refresh”(自我更新)的好方法。

宫栋宇生活照(二)

除了休闲,睡眠也承担着恢复人体机能的重要功能。但学在清华,肩挑重担,我们往往很难尽兴地睡一场,更多是不断调整,择取效率最高的睡眠模式。据宫栋宇回忆,他睡眠模式的择取是有阶段性的。在大一时曾尝试过 12 点睡 6 点起,去六教晨读,但那并不长久。后来科研任务愈加繁重,作息逐渐不规律。到了大四作息又回归了规律,凌晨 1 点入睡,早上 7、8 点起床。他反思,那时虽忙,但是时间可以安排得更好,在白天精力充沛时高效做事,避免熬夜。“还是要努力去调整和规划时间,睡眠是很重要的。”

在和睡眠的博弈中,宫栋宇的多业繁忙可见一斑。但可喜的是,他在大学最后一年成功达成了清华“不可能三角”,即学习、社工、恋爱中的最后一角——他找到了属于他的幸福。谈起情感问题时,对自己专业侃侃而谈、自信且外放的宫栋宇瞬间就害羞了:“大四还是可以实现的,虽然前三年没有去把那第三个角补上。”回忆起过往,他总结道:“所谓‘不可能三角’,实际上是看时间的分配。三者都很花时间,那么在有限的时间内似乎很难实现三者的平衡。我前三年社工做得也不多,时间主要花在学习科研上。”“这么一想，对我来说其实是四角！”说着说着，他发现自己在不知不觉中已经走过一段很远的路，欣赏过路边各异的风光，也留下了自己坚实的脚印。“很开心，大学的最后一年有四个角，也不容易。”他笑着说。

同时，他也认为，不一定非要完成什么三角，而是要找到让自己舒服的生活模式，每天健康且快乐。当然，作为学生，首先要完成自己的学习任务，在此之外，去探索自己的兴趣，协调好生活、学习和兴趣爱好。

“在清华园里是没有成功标准的。但事实上，学校的奖学金评选，在学生本该自主多样化发展的环境里不自觉地树立了一些标杆，让大家觉得这就是最好的，其实不应当这样。对于我们每个人来说，大学是找到自己、发现自己的过程，不要随波逐流。”宫栋宇进一步解释道：“做好自己，做自己喜欢做的事，不要做一些别人都在做但是自己不喜欢的事情。找到自己的大学图形，它不一定是三角形，也可以是N边形。只要平衡好，让自己觉得快乐就好。硬性的成功标准是不存在的。”

后记

四年峥嵘，宫栋宇在不断的探索和取舍中构建了属于他自己的大学图形。一个人不可能在每个领域都有着拔尖的成就，但每个经过努力和根据兴趣、理智选择后得到的图形，我们对之尽心竭力，我们视之问心无愧。

短短篇章写不出一个人生命的波澜壮阔，但希望能够使园子里其他努力奔跑，或是一些暂时徘徊的同学有所借鉴，有所沉思，有所鼓舞。

王佳恒：带着理想不停奔跑的普通人

文 向羿龙

• 王佳恒 清华大学工程物理系 2017 级本科生

王佳恒，2017 年考入清华大学工程物理系，双下标定向生（专业为电子信息科学与技术），入选清华大学“未来学者”计划，“星火计划”第十三期。现任校学生科协副主席。曾获蒋南翔奖学金、“一二·九”奖学金，2018 年、2019 年中国工程物理研究院“中物院定向生奖学金”，全国大学生数学竞赛北京赛区一等奖。2020 年获清华大学特等奖学金。

王佳恒

“我认为自己的大学生活没有很顺利的时候。”

刚刚进入大学时，王佳恒特别自信，因为自己高中时数学就不错，对线性代数、微积分等数学课程学习的热情也很高，每次上课都会坐在第一排，和老师交流也比较多。本来以为自己考得还不错，但是考试成绩出来却傻了眼。

“进入大学的第一门考试就是线性代数，当时只考了 74 分，我当时印象非常深刻，因为可以看到全班所有同学的名次，我就看见自己的排名特别靠后。”第一门考试就给了王佳恒一个巨大的打击。

除了考试成绩不理想之外，王佳恒在课程学习上也遇到过各种各样的问题。大一刚入学时，王佳恒选修了一门新生导引课，当时这门课上很多同学都来自计算机科学实验班。“我就感觉他们对新知识的学习能力都好强，相比之下，课上的许多内容我跟不上，甚至完全不能理解。”曾经一直把自己的学习成绩当成唯一特长的王佳恒，发现自己的优势荡然无存。

“我认为自己的大学生活没有很顺利的时候。”这是王佳恒对自己大学生活最真切的描述。但是，尽管面对各种困难挑战，王佳恒也从未停下过脚步，因为在他心中，始终有着一盏明灯在指引着他永不言弃——那就是《马兰花开》中的邓稼先！“当时《马兰花开》给了我很强的震撼，关于那个年代那一代人的付出，关于马兰精神，这些都深深地震撼了我，并在我之后的学习生活中都时刻鼓励着我前进！”

为了解决自己学习上的一些困难，王佳恒经常去寻求学习发展指导中心的帮助。“当时马冬晗和马冬昕姐妹都在学习发展指导中心，线上线下我都和她们聊过，在学习方法和时间规划上她们都给了我很大的帮助。”

除了一对一咨询，王佳恒还经常去指导中心的答疑坊，通过答疑解决自己遇到的课程上的问题。正视自己的问题，努力寻求帮助解决问题，王佳恒不断克服学业上的困难，为之后的科研打下了坚实的数理基础。

对于大学怎么学，王佳恒的第一个建议就是积极寻求校内的各种资源，可以去学习发展指导中心请教学习方法，也可以多去和老师交流。“老师知道大方向，不论是学习上还是科研上，每周去和老师聊聊可以得到很多的指导，也能驱动自己去学习。”除此之外，王佳恒鼓励大家多利用学校里面的项目资源，多去争取，多去尝试。

“愿把最美好的青春献给书桌和实验室，为实现通用量子计算，伟大复兴中国梦而奋斗。”

王佳恒现在的科研方向是量子计算和量子声学，“这个方向的很多理论框架已经完备，量子计算不全是物理问题，很多是工程和技术问题。我同时是工物系和电子系的学生，在理工科融合的培养下成长，感觉这种学科交叉的方向很适合自己”。除了自己的学科背景适合这个方向外，王佳恒对这个科研方向也有着浓厚的兴趣和深厚的缘分。

大一刚入学的时候，王佳恒选修了一门关于量子计算的新生导引课，他对老师上课所讲的许多东西都不太明白，但是他并没有因此而放弃，课程结束之后他还找到授课的刘玉玺老师，希望可以深入这个科研方向做研究。刘老师给他开了一个书单让他读书，并且同意让他旁听课题组例会。

到大二的时候，王佳恒想要加入“星火计划”。“当时需要一个研究方向，我就和刘老师商量，选择了量子声学这个方向。”这个方向对于王佳恒来说完全是一个未知的领域，甚至他的导师对这个方向也不是很了解。在这样的情况下，王佳恒通过旁听研究生的量子光学课程，充分阅读发表在 *Nature* 等顶级期刊上的文献，慢慢对这个领域有了一定的了解，顺利完成了第一个量子声学态制备的理论方案，得到了刘老师的认可，也顺利加入了“星火计划”。

本科做科研的过程中，王佳恒也有过面对困难坚持不下去的时候，也想过要换其他研究方向。为此，他也加入过许多不同的实验室，也尝试了不同的研究方向，最后发现要么不够喜欢，要么就是感到不合适，一圈下来发现自己一直做的才是自己最喜欢的。“本科阶段其实有很多的试错机会，所以我们要多去尝试，积极去找适合自己、自己喜欢的方向。”

在特奖答辩会中，王佳恒的答辩语录是：“愿把最美好的青春献给书桌和实验室，为实现通用量子计算，伟大复兴中国梦而奋斗。”在毕业之后，他将留在清华攻读博士学位，从事量子信息与微纳器件方向，继续在这条研究道路上不断前进！

王佳恒在超净间实验室工作

“我也没有特别去训练过，我只是告诉自己开始跑了就别停下。”

王佳恒在刚刚进入大学时体育并不好。“我们高中时体育课就很少，所以也很少有机会离开教室去锻炼。我印象比较深刻的是当时高三要跑 800 米，但是 400 米的跑道，我只跑一圈就已经没有体力了。我刚入学的时候就很担心自己的 3 000 米长跑。”

深知自己在跑步方面存在不足，王佳恒从进入学校的第一天就开始跑步，“因为我的舍友是田径队的，所以刚到寝室，第二天早上就约出去跑步了。”

对于王佳恒来说，跑步是一件很有趣的事，“我会通过跑步来探索校园的各个角落，比如西湖游泳池、照澜园等很有意思的地方。”就是这样慢慢跑，王佳恒从刚入学的只能跑一圈到能跑 3 000 米，再到之后的参加 5 公里、10 公里和 21 公里半程马拉松并顺利完赛。“我也没有特别去训练过，我只是告诉自己开始跑了就别停下。”

王佳恒第一次 10 公里完赛

对于王佳恒而言，体育成了他协调自己生活和学习的重要方式，每天的跑步不仅成为他生活作息的一部分，更是他提升自己身体素质、锻炼耐力和意志力的途径。

“其实学习也需要我们这样坚持。大家普遍在最后期末复习的时候特别认真，效率特别高，但是如果我们可以把这样的状态保持整个学期，我想每个人都能在知识上和成绩上收获颇丰。而做到这样需要很强的意志力和执行力，我想体育尤其是跑步在这方面给了我很大帮助。”

“我只是想看看前面的风景，看看自己坚持下去之后会看到怎样的风景。”

王佳恒在军训时期曾经写过一个大学的“四年规划”。班主任颜立新老师在与同学的第一次见面时，让班级的每一位同学谈一谈自己对大学的想法。“我当时也就是拿了一张纸，根据自己了解的清华故事和自己想的发展方向写下了自己的规划。里面的内容涉及面很广，比如打好数理基础、多参加比赛、进组做研究、发论文、出国交流等，除此之外还有一个侧栏，希望自己在大学四年学会一门乐器，掌握一项运动并拿到名次，参加社团活动，等等。”然而这个四年规划并没有立即得到老师的认可，“当时老师就说这份规划过于理想，很难按照自己的设计走，要想办法把它变得可执行。”

写下一份这样的四年规划可能只需要十几分钟，但是王佳恒却用大学四年的时间来完成。“其实也没有带着一定要完成某条的心态去开始每一天，只是通过这个规划，我想明白了大学期间想要收获什么，然后每一天踏实地做好自己，做的大部分选择也都和初心一致。所以走到今天回头看时，发现很多事情都对上了。”

王佳恒最初的规划是“以学习和科研为主，多体验大学生活”。他就带着这样一个简单的目标不断坚持，没有被自己的规划所束缚，没有为完不成自己的计划而焦虑与担忧，但也始终没有背离自己最初的方向，没有停下自己的脚步。

“我只是想看看前面的风景，看看自己坚持下去之后会看到怎样的风景。”在为我们讲述这个四年规划的故事时，王佳恒仿佛又把自己的大学生活过了一遍，充满了无限感慨：“可能很多人会问我是怎样坚持下来去完成这个四年规划的，实际上并没有什么特别的。对我而言，这就像跑步一样，我只是不想中途停下来而已！”

“我想向大家展示，一个很普通的学生，带着理想去努力奔跑，最后可以达到怎样的程度。”

作为2020年的本科生特奖获得者，王佳恒在决定是否要申请特奖时也曾经犹豫，“申请特奖就意味着要接受很多人的审视，接受正面或负面的评价”，但在最后王佳恒还是决定试一试，“我想通过我的经历向大家展示，一个很普通的学生，带着一个理想去努力奔跑，最后可以达到怎样的一个程度!”王佳恒一直将自己定义为一个普通平常的学生。

带着这样的一份心情，王佳恒最后获得了特等奖学金。“我一直认为自己是一个普通的学生，即使现在获得了特奖，我也知道自己只是特奖中很普通的一员。没有任何一份荣誉可以让一个人显得更加优越，我们可以做的只是努力让自己配得上这份荣誉!”对于特奖这份荣誉，王佳恒始终带着一份平常心。他告诉我们，让他最骄傲的并不是自己最终取得的成绩，而是自己在一路上的成长。

特奖答辩中的王佳恒

对于清华大学的特等奖学金，王佳恒也给出了自己的认识：“特奖是清华给予本科生的最高荣誉，但并不是说得到特奖的这十个人就是清华最优秀的十个人。十个人只是一个代表，一个我们学校想要培养怎样的人才的代表。”

“如果有什么一生一定要做成的事，对我而言就是‘通用量子计算’，哪怕倒在了‘最后一公里’。”

“我很敬佩王贻芳院士对自己所研究学科的那种坚持，即使面对很多科研上的挑战和现实中的否定。”采访的最后，谈到自己关于未来的规划时，他引用了一段话：“你们不要仅仅为了自己的生活条件更优越而去做一件事情，因为你们已经享受到了几乎是同龄人中最优质的资源，这时你们不能只想你们自己，你们应该去思考你们有没有一生中一定要做成的一件事情。”

对于王佳恒而言，这件事情就是实现通用量子计算。这个领域的专家认为我们离实现通用量子计算只剩下“最后一公里”，但是这“最后一公里”可能需要几代人的努力。“如果有什么一生一定想要做成的事，我要做的事就是‘通用量子计算’，哪怕倒在了‘最后一公里’。”

王佳恒心里清楚，要实现这样一件需要几代人去不断奋斗的事情将会有无数的挑战，但因为喜欢，所以愿意去追梦，愿意脚踏实地把自己手头的研究工作做到最好。“即使会很难，我想我也还是会去坚持，因为对我而言，这是我生在这个时代、这个国家，作为一个未来的研究者最想做成的一件事情。”

结语

或许我们都只是园子里普通的一员，曾烦恼无助，也曾感叹自己的平凡。即便如此，也要带着自己的理想和目标不停奔跑、不断前进，请相信每一段平凡的经历都将在奔跑中被赋予不平凡的意义，每一个普通人都可以凭借自己的不断努力而闪闪发光！

孙利滨：想做 5G 天线“引路人”

文　梁靖卿 黄文静

- 孙利滨　清华大学电子工程系 2016 级直博生

他每天早上 7 点起床，晚上 9、10 点结束实验室工作，和园子里大多数同学一样，简单而规律。

2017 年 10 月的一个夜晚，一篇偶然间看到的论文，让他决定将 5G 移动终端天线作为研究方向。

他提出了一个解决多天线去耦的原创想法，导师对他说，“你得赶紧给它起个响亮点的名字。”

华为天线方向的第一个“天才少年”聘任书发给了他。他说，我想做 5G 天线的“引路人”。

他就是 2020 年清华大学特等奖学金（研究生）得主孙利滨。

孙利滨，电子系 2016 级直博生，师从张志军教授。他专注于 5G 移动终端天线的研究，在 *IEEE Transactions on Antennas and Propagation* 等领域顶级期刊发表论文十余篇，并担任 *IEEE TAP*、*IEEE AWPL* 等 8 个 SCI 期刊的审稿人，获得 *IEEE TAP* 颁发的杰出审稿人荣誉，为当年全世界仅有的两位学生获奖人之一。

孙利滨

“这个方向挺难的。”

2017 年 10 月的一个夜晚，孙利滨偶然间看到一篇展望 5G 手机天线的论文，文章中提到 5G 手机天线当时面临的困境：如何在极小的空间中“塞下”更多的 5G 天线，并解决多天线间的互耦问题。

“天线的数量越多，通信的容量就会越高。如果说 4G 手机相当于一条双车道，那么 5G 手机是想要提供四车道，甚至八车道。”

然而，为了避免相互干扰，天线之间要间隔一定距离。在手机都想做成全面屏的趋势下，天线设计的空间是非常有限的。如果不能突破这一难题，5G 技术将陷入瓶颈期。孙利滨敏锐地察觉到这将是一个非常有前景的研究方向，于是和导师商定将其作为博士研究课题。

孙利滨的导师张志军教授曾在美国从事过苹果手机的天线设计，出于对领域前瞻性的判断，张老师回国后建议学生选择更具创新意义的方向，并强调不能仅关注工程上的优化。在听到孙利滨的选题方向后，张老师说：“这个方向挺难的”。这句话既预示了研究的难度，又肯定了研究的前景。

华为天线方向的“天才少年”

如何突破技术瓶颈？孙利滨的答案是：创新。

“相较于花大量时间进行细节的把控，无论是精心打磨图表，还是精益求精地花大量的时间做实验、调数据，得到一个非常好的结果，我的想法可能会不太一样，我会花最多的时间想一个原创性的点子。”

对自己科研的原创性，孙利滨的要求近乎严苛。他曾经完成了一个调试了将近 4 个月的工作，最终因为对结果和文章的创新性不太满意而放弃了投稿。因为类似的原因，他已经放弃了很多工作。很多人也许不理解他的做法，不过对于孙利滨来说，最有成就感的并不是发文时刻，而是灵光乍现之时。“科研其实就像打游戏一样，用原创的想法‘打怪升级’，攻克难关。”

为攻克 5G 天线的难关，孙利滨花了很长时间去摸索。“先是自己构思，然后跟导师讨论，不断被否定，然后继续想，这个过程循环了好久。”在摸索的过程中，想法从稚嫩逐渐走向成熟。于是他就开始做一些仿真实验，“但有时仿真实验也做不出来，就是说明刚开始的想法可能就是错的，或者某一步出了问题，就回去重新想。”

终于，原创的点子“打倒”了 5G 天线这个“怪”。

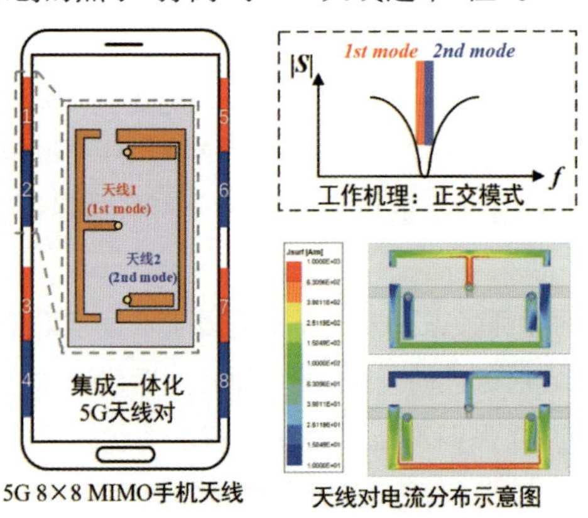

基于正交模式法的 5G 天线设计

已有的集成多天线设计方案是利用额外的去耦结构消除多个天线间的干扰，不但解耦效果不好，而且占用了稀缺的设计空间。孙利滨另辟蹊径，设计两个具有正交模式特性的同频 5G 天线。这样无论它们距离多近，也不存在互耦干扰。张志军老师将这一成果在华为天线技术大会上进行汇报，受到了众多工业界技术专家的青睐。华为随即与张老师团队签订协议，共同解决 5G 手机天线中的瓶颈问题。这一技术最终被应用到了华为的旗舰手机中，实现了手机中最先进的天线设计与最多的 5G 天线数量。

正交模式法虽能解决天线间的互耦干扰问题，但它始终解决不了天线性能不一致、天线尺寸大、无法集成更多天线等难题。于是孙利滨又提出一个全新的角度，通过共模和差模的叠加将多天线去耦问题等效为不同模式的阻抗匹配问题，这样不仅可以大大减小集成多天线的设计复杂度，而且可以实现更高维度的多天线集成。导师听完他的思路后激动地说："你得赶紧给它起个响亮点的名字。"孙利滨将这一方法命名为"模式抵消法"。基于该方法，原先正交模式法中存在的各种问题都得到了解决，实现了集成一体化 5G 天线的一致化、小型化与宽带化。之后，孙利滨又进一步提高集成度，实现了世界上第一款宽带集成一体化四天线乃至八天线的设计，为下一代移动通信技术奠定了基础。

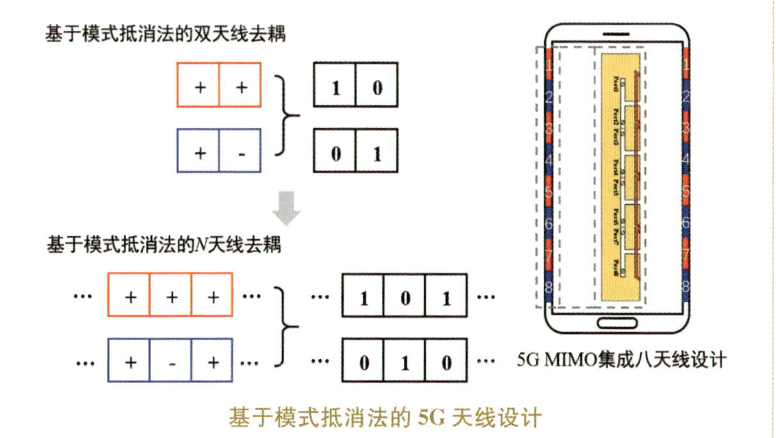

基于模式抵消法的 5G 天线设计

由于在5G手机天线领域的突出成果,华为公司向孙利滨发出了“天才少年”聘任书。在面试时,华为首席天线专家王汉阳老师评价说:“模式抵消法具有创新性,给目前难以解决的多天线去耦问题提供了新的思路,在手机天线设计中将大有用处。”

华为“天才少年”受聘仪式(中间为孙利滨)

“我把整面墙的专业书都读了一遍。”

不过,这位“天才少年”并不认为自己是“天才”。“我觉得我天赋不是很好,来到清华发现了身边很多人脑子转得很快,情商也特别高,还是能感受到差距的。”

刚开始读博时,孙利滨甚至完全听不懂导师的课。当导师让他选择在第一年是否进组做科研时,他决定暂不进组。博士一年级,没有科研任务的孙利滨通过大量阅读的方式来打基础。图书馆里有一面墙都是专业书,孙利滨将大多数都读了一遍。读完之后就去阅读导师和所有师兄们的毕业论文,然后再读其他课题组的论文。孙利滨将自己读过的电子文献都放在一个文件夹里,陆陆续续已经存了20GB,算下来大概有4 000到5 000篇文献。“我们组的传统就是文献阅读量较大,导师要求我们不能只局限在自己的领域里学习。”

2020 年孙利滨参加并担任国际会议 IEEE APMC 的 Session Chair（分会场主席）

“读文献并不是单纯的阅读，也要带着批判性思维去讨论，因为即使是发在顶刊上的文献，也不能完全相信数据的真实性和思路逻辑的正确性。”每个月孙利滨所在的课题组都会一起讨论顶刊中新发表的所有文章。“我们先不看作者怎么写的，而是基于呈现出的结果，自己去想象如何解释文中的现象，然后再去看文章中是怎么解释的，考察文章的解释是否成立。”

2019 年孙利滨获得顶级期刊 *IEEE Transactions on Antennas and Propagation* 的杰出审稿人

每天大概7点起床,7点半到实验室,晚上9、10点结束工作。晚上有时会去跑步,每周3~4次,每次大概5公里。一般不熬夜,周末的时候会看些哲学、心理学的书,一般也会抽出半天时间出去玩……就像园子里大多数同学一样,孙利滨的生活低调而普通、简单而规律。但这样的日程表一天天积攒下来,却是令人震撼的厚积薄发。

"哪有什么天才少年,这都是无数日夜努力奋斗的结晶。"

"我现在也在做6G的研究。"

技术研究和理论研究何者更重要?

孙利滨认为,两者具有同等价值。"1864年,麦克斯韦预言了电磁波的存在,过了24年,1888年赫兹通过实验证实了电磁波的真实存在,又过了17年,在1905年马可尼才把电磁波真正运用到无线通信上,整个无线通讯体系才真正建立起来,改变了人们的生活。"

目前,我们在基础研究上和国外差距较大,应用技术上的差距在逐渐缩小。"这可能和整个社会的价值取向有关系,大家觉得技术研究更容易出成果,于是更愿意去做技术研究。我觉得需要让科研工作者们真正沉下心来做自己喜欢的事情,以他们所做的事情的意义和价值来做评价,而不是以论文的数量或拿到的经费来衡量他们。"

技术研究和基础研究同样是相互促进的关系。"大学里这两块都不能缺,技术要往产业化方向做,跟公司有深入的合作,做真正社会有需要的研究。"

孙利滨的第一份成果发表之后,很快收到了工业界的响应。华为积极地前来寻求项目合作,他们觉得这个方向"还可以继续深挖"。从5G到6G,中间有很多技术瓶颈亟待突破。移动通信到了毫米波甚至太赫兹频段之后,天线的形式会发生很大变化,也会面临更高的要求——不仅仅是尺寸,还有它的辐射性能,以及整个天线的设计框架。

在工业界的需求下，孙利滨有了新的目标和研究内容："我现在也在做 6G 天线的研究。"

谈及自己的未来打算，孙利滨打算先去工业界沉淀几年，"我们当前在学术界看到的一些研究和成果，很多其实是没有办法实现产业化和实际应用的，这和我们缺乏业界的经验有关"。在工业界了解真正需要什么样的技术，什么样的成果有应用价值，积累足够的积淀之后，孙利滨可能还是想跳出企业来做一些前沿研究："我还是想能够在一个空白领域做出自己的成果，希望自己的成果能被写进教科书。"

在特奖申请材料中，孙利滨写道："虽然手机天线领域已经很久都没有技术突破，逐渐沉寂在学术界，但我毅然决定去啃这块难啃的硬骨头，因为我想做 5G 天线的'引路人'。"

何谓"引路人"？孙利滨说："就是当技术瓶颈出现的时候，我就去做方案解决它。"

在采访的过程中，孙利滨的声音不急不缓、波澜不惊。如果说闪亮的创新点是那粼粼波光，波光之下则是宁静致远的力量。

谢廷玉：以哲学为杖，行走于理论和现实之间

文　梅倩诗 丁洁 吴坤强 甘泽霖

• 谢廷玉　清华大学人文学院2017级本科生

流行文化与哲学思考

谢廷玉的名字第一次被广为人知，大概是在他和同学张瀚文合作的文章《饭圈文化的哲学省思》发表于《光明日报》之后。

饭圈文化的哲学省思

光明日报客户端 谢廷玉 张瀚文 2020-04-27 13:36

（1）不被允许的“姨妈”

3月31日，新浪微博的文学博主“亚非文学 bot”发布退博声明。2 月底某男星粉丝举报AO3平台事件引发的舆论海啸裹挟了众多非传统饭圈的网络群体，被网络舆论戏称为“227 大团结”，余波未止，而此次退出微博的亚非文学 bot 与后续为声援也退博的中东欧诗歌bot则再一次将该粉丝群体推向风口浪尖。亚非文学 bot 为十几位小语种文学的学生运营，整理并翻译了大量文学作品和相关研究，尽管此前确实曾动过退博的念头，但导火索依然是粉丝的攻击。

谢廷玉在《光明日报》发表的文章《饭圈文化的哲学省思》

当时，因对一篇耽美同人文中对自己偶像形象的改写不满，一些狂热粉丝举报了作者的微博账号。随后，这位作者用以发布作品的两个同人创作网站，Archive of Our Own（简称 AO3）和 Lofter 也受波及：AO3 停止了对中国大陆地区用户的服务，Lofter 关闭了大量文章的阅读通道。这最终引发了一场围绕饭圈展开的巨大舆论风波，并被网友们称作“227 事件”。

适逢饭圈粉丝群体在互联网上爆发了一系列冲突，这篇文章发表后即在互联网上引起了轩然大波。“大概是《光明日报》本年度到目前为止最受关注的文章之一。”在特奖评选现场，谢廷玉的介绍人夏莹老师如是说。

有人说谢廷玉的这篇文章是“官媒在给事件定性”，但作为作者，谢廷玉表示事情并非如此。这篇 3 000 多字的文章，实际上来源于谢廷玉在 2019 年 10 月就启动的一个研究项目。“我们的《饭圈生态综述》总共有 6 万多字，发表出来的只是其中可以对这一事件做一个有趣的解释的一部分。”谢廷玉解释道。

2019 年下半年，谢廷玉在“英华学者”项目的支持下赴牛津大学交换学习。忙碌的第一学期结束后，当时对饭圈实际运作还一无所知的谢廷玉，开始了为饭圈文化研究做田野调查的过程。

在英国交换学习时的谢廷玉

"每天逛'超话',逛完以后做田野笔记,"谢廷玉说,"如果我今天想观察粉丝的情感想象,就会专门在'超话'里搜索一些相关的言论,比如'妈妈粉''姐姐粉'。"

"据我的同学说,我在看一些物料的时候也会受到情绪影响,不自觉地露出'姨母笑'。但是哲学有一个好处,就是它对同一个现象往往有好几个竞争的理论,面对纷繁复杂的现实,你就慢慢能够在理论的冲突和碰撞中去伪存真,找到一些可能不那么受情绪影响的东西。"他补充道。

谢廷玉参与"星火计划"第13期项目展示时的海报

从相对小众的哲学视角来审视大众的流行文化，无疑会让人感到耳目一新。但实际上，在发表《饭圈文化的哲学省思》之前，谢廷玉在分析流行文化上已经做出了许多尝试。在夏莹老师的支持下，谢廷玉成为了一名定期在中国个人劳动者协会主管的刊物《光彩》上发表专栏文章的作者。

“网红小吃”、“黑猫警长”、脱口秀、表情包、弹幕……许多流行文化现象都在谢廷玉的笔下，被用一种哲学的眼光来分析。例如，看到“超越妹妹”的“锦鲤体质”引起热捧后，谢廷玉联想到了阿多诺和霍克海默的启蒙辩证法，随即从“超越妹妹”现象出发，开始了对大众文化和文化工业的进一步思考。

“我当时发现大家转发杨超越锦鲤的行为和启蒙辩证法相契合，这个观点现在看来当然有问题，但当时真的特别触动我。”后来，谢廷玉凭借着对“锦鲤”的研究，入选“星火计划”第 13 期。

哲学的限度与潜能

在谈及选择哲学专业的原因时，谢廷玉表示，自己是一个充满好奇心的人，非常希望可以对很多事情给出根本性的解释，而哲学恰好可以解答自己的一些困惑。然而，谢廷玉也诚实地表示：“哲学也是有其限度的。哲学如果什么东西都能解释，那就更像是江湖骗子用的狗皮膏药，就只是一个虚假的东西、一套精致的话术。”但他同时表示，这种“限度”与因此而来的不确定性、不稳定性，恰恰是自己眼中哲学的魅力所在。

“哲学是密涅瓦的猫头鹰，总是在黄昏时分才起飞。”谢廷玉引用了黑格尔的这句话。他说，某种意义上，哲学像是一个“在后”的东西——只有当一件事情完整地发生过以后，从哲学角度对它进行的反思才是完整的。

“哲学的预测功能可能没有那么强，真正要对它做一个有价值的预判，要基于一些其他领域的补充。”对饭圈的研究，更让谢廷玉和他的同伴们意识到了这一点。“饭圈文化的背后可能还是有很多经济上的背景,我们对这一块的了解是不够的,”他说,“就好像马克思从单纯哲学的批判深入经济学的批判,我们也找到了自己的一个方向。”

虽然谢廷玉非常关注流行文化与哲学的结合,但他更期待能在哲学领域进行严肃的深耕学习并做出有价值的研究成果。

早在大一时,谢廷玉的文章便入围海峡两岸暨港澳地区青年论坛征文,并获得文化分论坛三等奖。大二时,谢廷玉加入了马克思主义学院王贵贤老师的 SRT 项目《近代德国对中国的研究及其当代意义》,研究马克思对中国的看法,最终获得 A 等评级。大三时,谢廷玉撰写的《塔克-伍德命题再讨论》获选为“林枫计划”第七期优秀结业论文,与李义天老师合撰的《“塔克-伍德命题”的后半段》发表于《伦理学研究》(CSSCI 收录),该文也是国家社科基金重大项目“马克思主义伦理思想史研究”的成果。

伦理学研究 STUDIES IN ETHICS 2020 年 第 4 期(总第 108 期)

“塔克–伍德命题”的后半段

——对“非道德的善”概念的批评与改进

李义天, 谢廷玉

[摘　要]“塔克—伍德命题”不仅试图表明,马克思既不认为资本主义不正义,也反对以不正义的名义谴责资本主义,而且认为,资本主义损害了根植于人性之中的自由/自我实现才是马克思开展批判的真实缘由。根据该命题,基于正义、权利等“道德的善”的批判在有效性与合法性上是不成立的,而只有基于人性的自由/自我实现等“非道德的善”的批判才真正有效。但是,马克思对人性等概念早已做出严格限定甚至清除。与“自由/自我实现”相比,通过“阶级利益”来解释“非道德的善”才更加贴切。这一方面是因为,无产阶级的阶级利益比资产阶级的更加普遍和真实,可以有力地批判资本主义。另一方面是因为,作为阶级利益的“非道德的善”和作为正义的“道德的善”之间不存在非此即彼、取前舍后的关系:后者可以经由前者得到解释和定义,并在“妥为安排”之后与前者相兼容。

[关键词] 塔克—伍德命题;非道德的善;自由/自我实现;阶级利益

[作者简介] 李义天,清华大学高校德育研究中心教授,博士生导师,教育部“长江学者奖励计划”青年学者;
谢廷玉,清华大学哲学系学生。

谢廷玉参与撰写的论文《“塔克-伍德命题”的后半段》

哲学的解释有其限度,但对哲学之外的大多数人来说,哲学仍然有着巨大的潜能。在谢廷玉看来,深耕学术并非意味着停留在与世隔绝的象牙塔，他坚信，哲学需要被普及，学者需要与公众对话。

去《新京报·书评周刊》实习，便是谢廷玉走出象牙塔，尝试与公众对话的一次尝试。2020年高考，浙江省的一篇满分作文《生活在树上》用夹杂大量哲言的拗口文笔，引起了全社会对“什么是哲学”这一问题的广泛讨论。谢廷玉在报社的支持下，以“贝雅夫”为笔名迅速策划出了《“晦涩而深刻”的满分作文，是如何误解了哲学？》一文，推进了公众对这一问题的讨论。

“晦涩而深刻”的满分作文，是如何误解了哲学？

原创 贝雅夫 董牧孜 新京报书评周刊 2020-08-06

书评周刊 阅 读 需 要 主 张

“现代社会以海德格尔的一句‘一切实践传统都已经瓦解完了’为嚆矢。滥觞于家庭与社会传统的期望正失去它们的借鉴意义。但面对看似无垠的未来天空，我想循卡尔维诺‘树上的男爵’的生活好过过早地振翮……”

——《生活在树上》

浙江省2020年高考满分作文《生活在树上》，把不少人读懵了，有人感叹“太牛了”，有人则觉得“太晦涩”。这篇“后浪”满分作文，用词之深奥与生僻、引文之繁杂与冷门、语句之曲折与晦涩，令阅卷组长不吝赞美：“文字的老到和晦涩同在，思维的深刻与稳当俱备。”“文字的表达如此学术化，也不是一般高中学生能做到的。”

暂不考虑与此文相关的种种争议，令人好奇的，是这份点评中阅卷老师对于“学术化”的理解。在他看来，“学术化”是否意味着“艰深”？而“老到”与“深刻”需要以“晦涩”的外衣来装扮自己？

谢廷玉在《新京报·书评周刊》参与策划的一篇推送文章

不过,谢廷玉帮助哲学与公众对话的努力,也不是没有遭遇过质疑。为了纪念本雅明逝世 80 周年,谢廷玉参与策划了一次笔谈,以此纪念这位有着“欧洲最后一位文人”美誉的哲人。但有人觉得,纪念本雅明是一个需要深入探讨的哲学话题,不能只是简简单单地组织十几篇 3 000 字不到的短文,而应该办一个比较正规的学术讨论会。“重学术”和“轻学术”的张力,就这么鲜明地摆在谢廷玉面前。

“做‘重学术’的人或许会认为‘轻学术’是一种‘简单化’和‘庸俗化’,但不能否认,‘轻学术’是有自己的意义的。”他说,“如果不去和大家交流的话,大家就会越来越不知道哲学在我们现在这个时代在做什么,大家对哲学的认知甚至会被‘心灵鸡汤’占领”。

“知识需要被分享”,谢廷玉始终坚持着这一理念。除面向公众写作之外,谢廷玉还参与了学术翻译活动,尝试将新的知识引入中文知识界,分享给更多的人。

“我曾经有机会跟在哲学翻译界十分有名的张卜天老师学习了一段时间。”谢廷玉说,“我也想像他一样去多分享一些东西。”在清华哲学系主办的刊物《清华西方哲学研究》的支持下,谢廷玉曾将山东大学外籍教师伊万·伊万诺夫的论文《指示性思维与知觉经验》译成中文;在牛津大学交换时,他也曾经部分翻译了一本名为 *Forbidden Rites: A Necromancer's Manual of the Fifteenth Century*(《15 世纪死灵法师手册》)的书,这本书介绍的是一册 15 世纪德国慕尼黑地区制作的魔法手稿。“那是一本讲如何施展巫术的魔法书,”谢廷玉说,“当时英华学者项目里有人在上中世纪文学课程,其中也有一些和巫术有关的内容。我的译稿在朋友里小范围传播。翻译自己感兴趣的东西,分享给有需要的人,对我来说还蛮快乐的。”

无论是与公众对话,还是把新的文本引入中文,这背后都是谢廷玉十分看重的“分享”的理念。“我希望通过这样的一种形式科

指示性思维与知觉经验

伊万・伊万诺夫（Ivan Ivanov）*

谢廷玉（XIE Tingyu）/译（trans.）**

摘要： 我对坎贝尔(Campbell, 2002)关于知觉关系主义的论证提出了一个新的解释：在知觉成功的案例中，一个人的经验是由当时知觉到的事物构成的。这一论证依赖于意识知觉把握和运用指示概念的能力。为了评价知觉表征主义者对这个论点最成功的回应，我考虑了一个对相似论证的相似回应，即知觉经验是由观察性属性构成的。由于后一种回应最终失败，并且经验在使得人们把握和应用观察性概念成为可能的过程中发挥的作用与其在使人们把握和使用指示性概念成为可能这一方面发挥的作用并无差别，所以前一种回应也必然失败。

关键词： 指示概念；所指；表现主义；关系主义；现象意识

谢廷玉翻译的《指示性思维与知觉经验》

普自己觉得有意思的东西，而且有价值的东西能够让更多人知道，对更多人有帮助本身就很有趣。”他说。

特奖是一场分享会

在提到申请特奖的初衷时，谢廷玉表示，自己的目的大致有二：一是对自己过去的成果做一个总结，二是希望通过自己的分享让大家更加了解人文学院。

“究竟要不要申请特奖？”谢廷玉身边的人有不同的说法，他自己也曾经有过犹豫。“一位我很尊重的老师在得知我要参评特奖后，也曾经好心地和我说，我现在干的好像是 30 多岁的人才会干的事情：做项目，发文章，然后评奖。而我现在应该要广泛地阅读来拓宽知识面。”谢廷玉说。

但是，谢廷玉最终还是坚定了要参选特奖的决心。“现在你有机会在一个大家都关注的舞台上，进行一场 6、7 分钟的发言，你所做的将对于大家理解清华人文学科的人都在干什么，是很有帮助

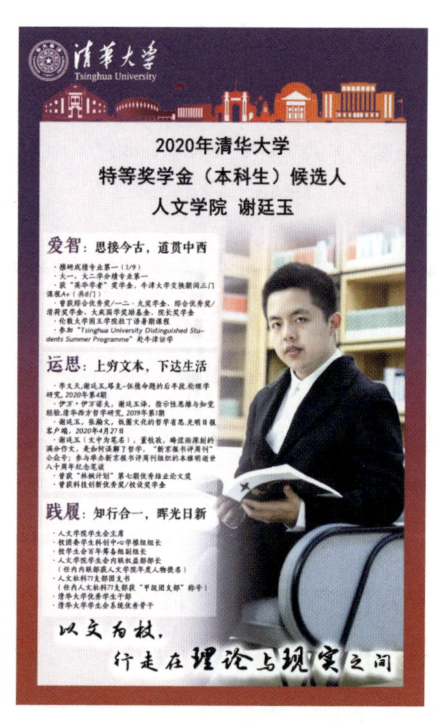

谢廷玉参与特奖评选时的海报

的。"这是一位学姐在得知谢廷玉将要参选特奖后对他说的话，这深深触动了谢廷玉："我希望能够让园子里更多的人知道人文学科的人在做什么，希望帮助园子里的大家发现理工科之外的另一种可能和价值。"他表示，尽管和理工科相比，人文社科产出的学术成果虽难以量化，但同样很有意思、值得欣赏。特奖答辩就是一个绝佳的分享平台。

"我就是抱着分享的态度参加答辩的，我希望能帮助人文学院给大家留下深刻一点的印象，因此也就放飞了自我。"谢廷玉笑言："最后我觉得我做了一个挺好的展示，至于答辩结果我完全没考虑。"

前段时间，在"特奖答辩"的热度尚未散去之际，一篇有关"特普通奖"的推文在朋友圈刷屏，其中讲述的候选人的"普通"故事，激发了众多人的共鸣。对于已过“而立之年”的特奖来说，“追求卓越”与“神仙打架”的标签似乎决定了其难以在广大学生中产生如此强烈的共情感。

对此，谢廷玉说：“我觉得特奖更健康的一个定位应该是，它是一个展现风采的平台，而非相互竞技的平台。”他拿知乎网友“这届特奖一个都不能打”的评价来打趣，“过去三十多年应该选出了上百个特奖，如果真要比较，难不成还得每十年再‘卷’一次，选出个‘特中特’来？”

“哲学比化工，化工比计算机，然后比心理，到底要怎么去比较，我觉得很难说。当特奖变为‘神仙打架’，要让大家去内卷出一个输赢的时候，折腾来折腾去，人家获得的东西其实都很虚无，那这个奖项本身就变得很奇怪了。我觉得我们还是要让大家做两件事，第一个就是让各自的院系能够呈现出自己的风采，第二个与其说是互相之间的竞赛，不如说更像是一个分享会。”谢廷玉说。

结语

然而，获得特奖之后，谢廷玉有了新的“烦恼”：“现在我在朋友圈里发个提问箱，里面全是些严肃的问题，比如文献阅读或者时间管理什么的，而我只是想和大家聊个天而已。”

“哲学远比之前想象的丰富。”谈到学习哲学带给自己在广度和深度上的认知，谢廷玉说：“哲学很有用。在牛津的时候阅读乔纳森·沃尔夫政治哲学中的平等主义思潮，致力于研究补偿正义研究，比如研究弱势群体，如何对待残障人士等。哲学也带给我成就感，哲学帮助我们把混乱的东西用清晰的方式梳理出来。比如组织学生会的活动，梳理活动的思路和各部分分工，其实和写一篇哲学论文是很像的。”

“做入世的学者!”谈及未来的规划时,谢廷玉稍作思考,认真地答道。“我希望继续坚持学术的道路,在高校里任职,向社会普及更多的哲学和现实问题的联系,致力于澄清社会对哲学的误解,哲学并不局限于高中课本上的解读——希望让更多人意识到哲学是一门有趣的学科。”

崔亚峰：软体机器人背后的“攻坚 270 天”

文　王海旭 李冲

• 崔亚峰　清华大学机械系 2018 级硕士生

大年初二，他接到导师的电话，希望他能参与抗击疫情科研攻关。

接到任务后，他说：“我们是清华机械系，能上肯定要上。”

从 1 月到 10 月，他休息的时间不超过 10 天，半年多没见过“下午 4 点多的太阳”。

经过 270 天的攻坚，咽拭子采样机器人终于交付到一线。

这背后是一个清华机械人的努力，也是一名共产党员的坚守。

崔亚峰

崔亚峰,师从赵慧婵老师,研究方向为软体机器人,2020年获得清华大学研究生特等奖学金。在疫情期间,他留守工作岗位,昼夜奋战,参与研发出一款仅需一人远程控制即可实现全流程采样的咽拭子采样机器人,为一线疫情防控提供了更为安全的设备支持,产生了良好的社会效益。目前,崔亚峰牵头成立的创业团队积极参与科研成果的实践转化,推出帮助中风患者手部功能康复的软体机器人康复手套,可以高效抓取柔软、易碎、不规则形状物品的软体抓手,以及咽拭子采样机器人三款产品样机,受到社会各界肯定。

“我们是清华机械系，能上肯定要上!”

2020年1月26日,大年初二,崔亚峰接到了导师赵慧婵老师的电话,约他第二天到办公室见面。当时,机械系主任汪家道老师联系赵慧婵老师,希望她作为青年教师助力抗击疫情。接到通知后,赵老师第一时间想到了仍身处北京的崔亚峰。崔亚峰回忆道:“当时已经报道人传人了,我就想等疫情过去再回家,所以留在北京。”

大年初三,崔亚峰和导师见面。他们计划研制的是咽拭子采样机器人。疫情防控中,对病患的咽拭子检测尤为重要,采用机器人则可以提高检测的效率、减少医患之间交叉感染的概率。崔亚峰跟随赵老师主攻的研究方向是软体机器人,因此,攻坚的任务“当仁不让”落在了他们的身上。“抗击疫情,大家都想出份力。”崔亚峰用朴素的话语描述了接受任务时的心情,“我们是清华机械系,研究软体机器人,在院系的带领下,能上肯定要上。”

“我已经半年多没见过下午4点的太阳了。”

研制的过程,一波三折。

在当时,全球范围内没有咽拭子机器人先例可供参考。同时,由于是要直接应用于临床一线的，每一步都必须设计得万无一失。既要保证咽拭子取样、检测的可靠，更要保证医生与患者之间的可靠隔离，杜绝交叉感染。

如果是人工取样，医护人员可以轻松地用两根手指操作咽拭子，然而机械手臂却很难实现这个看似简单的动作。“用两指结构去抓咽拭子，很不稳定，会来回摆动。”为解决这个问题，崔亚峰设计了一款周向对称的柔性驱动器，在两指夹持的基础上实现圆周均匀施力，从而使得机械手可以稳固地操作咽拭子。“这是我和合作者攻破的第一个难点。”

随后，崔亚峰和团队又遇到了另一个难点——如何避免交叉感染。用他自己的话说，如果解决不了交叉污染的问题，项目随时可能终止。在取样的过程中，病患呼吸的气流可能污染机械手臂，因此只要在采样、留样、存样等环节中与机械臂产生任何接触，都有感染的风险。

为解决这个问题，团队进行了多次讨论，确定了负压泵的方案。根据设计，采样时机器人和患者之间有一个玻璃防护罩，机械手臂从防护罩上的小洞伸出。而患者会戴一个口咬器——就像测肺活量时戴的那样，口咬器前也有一个挡板。这样，真正可能有空气接触的只剩下咽拭子和口腔之间这样一个很小的通道。通道上设计了负压泵结构，可以迅速将空气抽走，实现中空状态，避免患者的气流接触到咽拭子和机械手。此外，机器人可以实现全流程的自动化，采样完成后机械手臂可以将咽拭子折断放到病毒保存管里用于后续核酸检测，全程保证医生、患者、机器人的隔离。为防止负压泵没有完全抽取真空，机械手还配套有消毒系统，消毒时间大概为 2～3 分钟，提升了检测的效率。

功夫不负有心人。2020 年 2 月，机器人的初代样机成型，基本实现了采样、留样、消毒的功能。3 月，项目得到了清华大学医学院应急专项的支持，团队开始与清华长庚医院合作，进一步完善系统。6 月，在通过了清华大学伦理委员会的审核后，团队完成了 20 例人体试验验证。6 月中旬之后，项目团队与清华大学医学院教授、北京

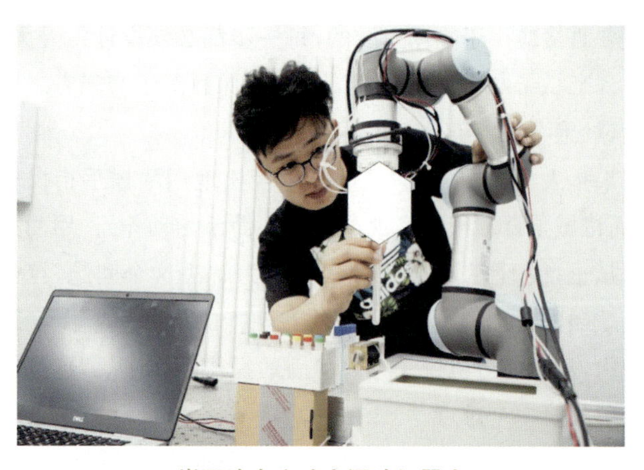

崔亚峰在实验室调试机器人

博奥集团总裁程京院士团队进行了合作,研制车载式咽拭子采样机器人系统,崔亚峰仍然负责了其中咽拭子采样机器人的设计工作。10 月 19 日,新冠病毒移动检测实验室交付给广东省珠海市人民医院。

崔亚峰(左)与师弟邵琦在博奥调试咽拭子采样机器人

从 1 月 26 日到 10 月 19 日，历经 9 个月的艰苦奋战，研究成果终于落地。这期间，崔亚峰总共休息了不超过 10 天。“有一次，我就让师弟把我的电脑带到校门口，我拿回去做实验写数据。”拿到电脑时是下午 4 点，崔亚峰突然想到“我已经半年多没见过下午 4 点的太阳了”。这段时间里崔亚峰每天 9 点到学校，时常在实验室工作到凌晨一两点，只有中午 12 点和晚上 6 点时会去食堂打饭。

普通的特奖人

之前崔亚峰从没想过申请特奖这种事。“作为学生，就是要好好写文章，好好做科研，这就可以了。”同时，崔亚峰认为自己只是个普通的硕士生，并没有“那么优秀”，甚至在刚刚考研进清华的那段时间，总感觉自己“特别菜”，十分不自信。

对于申请特奖，崔亚峰十分感谢他的导师赵慧婵老师。在疫情科研攻关之初，崔亚峰遇到了许多不会的问题，赵老师就手把手教他，遇到不会写的代码，赵老师就写好，让崔亚峰自己去理解这些代码。如此几次后，崔亚峰也就能够自己熟练地完成这些工作，写出自己的代码了。就这样，在老师的指导下，崔亚峰克服了一个又一个困难。半年的时间过去了，当他走出实验室时，猛然发现自己已经成长了许多。

在老师与院系的鼓励下，崔亚峰也改变了自己的想法，“我也可以去试试申请特奖”。清华园内推崇行胜于言的校风，大多数同学们也是如此——但做出踏踏实实的成果固然重要，也应该勇于站出来为自己代言，“其实从我的价值观出发的话，优秀的含义就是做个有用的人”。

可以说，这样的想法十分实在、接地气，就像园子里每个普通的同学一样。“这些点点滴滴的品质，我觉得都是优秀。个人在一个群体里，如果大家都认可你，觉得你这个人靠得住，这就是对优秀的最高评价了。”

让好的成果得到人们的认可,让尽力帮助他人的人得到荣誉。比起标签,成为一个站得出来、脚踏实地、对大家有用的人,对崔亚峰意义更重大。

导师的言传身教

疫情期间,崔亚峰的导师赵慧婵老师给予了他很多支持。在科研工作之外,赵慧婵老师也在各个方面都一直支持着他、影响着他。

2019年9月份的时候,崔亚峰成立了一个创业团队。"当时我们是上了经管学院的课,正好我手头有一些项目可以用来创业,后来大家对这个项目评价还挺好的,我们就去参加了比赛。"作为132支参赛队伍当中唯一一支学生团队,崔亚峰的团队拿到了三等奖。在这个过程中,赵老师一直鼓励他,尊重他的选择,看到学生全面发展,赵老师也十分欣慰。

赵慧婵老师一直为他人着想,把学生的利益放在第一位。有时候,学生买一些东西手头的钱不够,赵老师就让学生把付款链接发给她,免得学生在报销之前资金拮据;在报销时,赵老师也会自己整理报销单据,亲自去找财务报销。这无疑会增多老师的工作量,但为了学生方便,赵老师还是这么做了。"每次遇到这些困难,赵老师都是先方便别人,自己多干些,这方面确实很值得我学习。"

赵老师的乐观向上的态度也感染着崔亚峰。"你看她很忙,但是她每天都是一种乐观开朗的心态,不会说有什么烦心事挂在心头,即使事情再多,她也总是一种很积极的态度,我感觉这一点就很难得。"崔亚峰说,不管是从个人能力、学术水平、为人处事方面,赵老师都是很好的榜样。为他人着想,保持积极乐观的态度,是崔亚峰从导师身上学到的最重要的东西。

在申请特奖的材料中,崔亚峰强调了自己的党员身份。崔亚峰说,之所以强调党员身份,是因为党员的责任和使命与自己的价值观十分相符。疫情期间,崔亚峰对“共产党员关键时刻冲得上去、危难关头豁得出来”十分认同。“就比如研制咽拭子采样机器人这个事,我是组里唯一在学校的学生,假如我不参与,就没人参与了。”

共产党员就应该如此,在关键时刻站得出来、豁得出去,不辜负身后群众的期盼,不闪躲迎面而来的危险。“党员”这两个字从来不是虚无缥缈的概念,他们是像崔亚峰这样的人,他们各有各的特点,但又有着一样的共性,为他人思考,为社会奉献。

魏钰明：5 年 70 稿背后，一场“本不舒适”的学术马拉松

文　何澍之 吴楚舒

• 魏钰明　清华大学公共管理学院 2015 级直博生

一个人的博士生涯能有怎样的成长？

家庭变故、出国资助意外落空、论文修改 5 年长跑、4 次开题报告、6 次往返中美……

魏钰明

魏钰明的科研之路并不顺利，甚至于坎坷崎岖，生活的悲痛和惊喜炼就了一颗坚韧的内心；在导师的鼓励与支持下他走出阴霾，立志在学术研究与政策研究上“双驱发力”。他撰写的学术论文最

终在公共管理领域顶级期刊发表，他完成的政策报告产生了广泛的政治、学术和社会影响。

这就是2020年清华大学特等奖学金（研究生）得主魏钰明的故事。

魏钰明，师从苏竣教授，研究方向为公共管理与公共政策。他在*Public Administration*等公共管理领域国际国内顶尖期刊、会议发表论文多篇，推动了全国人工智能社会实验工作的广泛开展。

“读博士以来，我最大的感受是身边优秀的人实在太多，有发了几十篇核心期刊的学术大神，也有学生工作做得风生水起的社工达人，还有早早毕业拿到千万年薪的业界白领。我时常会因为自己不够优秀和幸运而倍感焦虑，以至于总是质问自己：要不要继续下去？”

“一场打破重塑的漫长修炼”

魏钰明的研究方向是公共科技政策，政策科学的特点是与国家和时代主题紧密相关。

“我最开始的研究主要关注光伏和核电等新能源领域，但从2017年开始，国际局势的变化使得调研更加困难。”在导师苏竣教授的建议下，魏钰明也曾探索过许多新领域，包括电动汽车、自动驾驶等，“确定具体研究方向的过程挺艰苦的，我先后准备过4稿开题报告，研究领域换了一个又一个”。

2020年，魏钰明关于地方政府回应公众诉求的一篇论文被公共管理领域顶级期刊*Public Administration*接收并在线发表。这篇文章，早在2016年就形成了初稿，“一开始，我也曾自信满满地向导师汇报，但导师听完后告诉我，文科写文章不能着急，要反复琢磨，慢一点，再想想、再改改”。就这样，他前前后后总共修改了70多遍。

为了能得到更多权威学者的意见，魏钰明不放弃每一次与学者交流的机会,“厚着脸皮带着这篇文章参加了6次学术会议”,反复打磨锤炼,好不容易形成一个令自己满意的稿子,“没想到投出后,审稿人反馈我的理论框架太薄弱,列出了30多条修改意见,让我大修。”

因为投稿之前已经修改了很多遍,按照审稿人意见再去修改的过程“简直像剥去一层皮。曾经有好几个星期,我都因为对审稿人意见束手无策而彻夜难眠”。

那段时期,身体的疲惫裹挟着心中的压力一并袭来,“我特别焦虑,不断否定自己,一直怀疑自己的能力水平”。

时至今日,魏钰明在向我们谈起这段经历时终于如释重负,“在修回的稿子获得审稿人一致认可的那一刻,我感觉到自己的心态蜕变了”。

“这段经历告诉我,做学术千万不要着急,急功近利只会徒增痛苦。只要不忘初心,即使慢一点,也能逐渐培养出潜心学术的专注,感受到超凡脱俗的舒适和心安。”虽然过程如同石子入水,无声无息,但看似不起波澜的日复一日,会突然在某一天看到坚持的意义。

魏钰明在国际会议上宣讲他的论文

“但求负责，但求心安。”

痛苦和糟糕的事有时可能会同时降临。

时间的指针拨回到2017年3月27日，生活的打击来得猝不及防。为出国访学准备了大半年的魏钰明收到了对方学校的拒信，当天晚上又收到父亲给他打来的电话——他的母亲确诊癌症晚期，“还有3个月时间”。

“那时我还在等待博士生资格考试结果，这一连串的突发事件把我打懵了。”

从那以后的一年零两个月，魏钰明的生活发生了质变，他不断往返于医院和北京，每一边待半个月，既不能落下学习工作，又要忙碌奔走为母亲寻找治疗方案。

“在医院里，我见到了形形色色的人，有知名大学的教授，还有年轻的芭蕾舞演员，无论进来之前取得多大成就，进来之后徒有‘病人’的身份。许多上个星期还在一起聊天的病人，隔一周后我再去医院，就已经去世了。这种情况遇到了六七次。

“我感觉自己看开了，更成熟了，在长时间的身体疲惫与内心悲痛中，心态也慢慢变得平和，很难再被大悲大喜所影响。

“2018年6月1日，我再次申请留学生基金委员会出国访学的资助也意外落选。紧接着，第二天早上母亲就走了。”

所幸魏钰明一直没有丢失自己的方向。据他说，这也许是因为他从来都不太走运，在人生很早的时候就经历了悲欢离合，对于未来，也算有了心理准备。“要说真正走出悲痛也很难，因为到了现在，每到各种年节假日，包括母亲生日，都可以很真切地感受到心里的伤痛，但是这些只能埋在心里，然后一切照旧。”

母亲病重期间，家庭为了治疗花费了许多，那段时期魏钰明在生活上有些困难，“心里就特别崇拜成功的人，发现别人成功得很快，自己也会受到诱惑。”那时，一些创业的朋友希望拉魏钰明入伙,甚至开出高薪,为他画出足具诱惑力的“大饼”。面对金钱和快速成功的机会,魏钰明也难免不动心。

但在怀疑、摇摆、挣扎后,魏钰明最终拒绝了这些“诱惑”。

“好在我比较负责,做一件事就会尽自己最大的努力去做好。每当我想放弃学术之路的时候,看到手上还没做好的文章和项目,都会把我的责任心唤醒。导师、同门和学院的师长们也一直鼓励和帮助我,苏老师不断从自己的工资里拿出钱来资助我。师母知道以后,还给我买衣服,让苏老师悄悄拿给我,我觉得特别温暖。”

这份温暖让魏钰明蓦然间回首发现——自己“表面淡然”的背后,其实是柔软的内心。由于从小性格比较独立,魏钰明很少主动和父母倾诉。本科时,他跟家里联系不多,父母担心打扰孩子生活,也很少主动联系他。直到母亲突然离开,他才一下子明白,“父母怎么会不想念我呢,但他们一直克制对我的思念。我真的亏欠母亲太多了。”

一个人的时候,魏钰明喜欢听毛不易的那首《一荤一素》:

太年轻的人

他总是不满足

固执地不愿停下

远行的脚步

望着高高的天走了长长的路

忘了回头看

她有没有哭

“为公众去争取,让科技有温度。”

在魏钰明的研究领域中有一个基本的预设,那就是科学技术的发展和应用一定要服务于增进人类福祉。

“过去由于我们过分迷信科学,而忽略了人文关怀,导致在发展和推广使用一些新技术的过程中仅强调效率至上,忽视了老百姓的体验和感受。”

近年来，随着人工智能在社会治理中的参与比重逐渐提高，有关使用这一技术利弊的讨论也逐渐升温。“在哈佛大学肯尼迪学院访学期间，我比较关注国外知名学者对中国发展和应用人工智能技术的看法和见解。”对此，魏钰明及时与导师苏竣教授沟通交流，二人一致认为十分有必要针对这一情况及时撰写研究报告提交给有关部门。

在这个过程中，魏钰明先后6次往返于中美两国，与导师深入交流他在国外的所闻所学，还加入了由哈佛国际学生组织的人工智能读书小组，广泛地参与这一话题的讨论。在此基础上，他与导师共同完成的政策报告产生了良好的政治、学术和社会影响，推动了全国人工智能社会实验工作的广泛开展，实现了公共政策研究“理论研究—政策建议—政治决策—行政执行—组织实施”的全循环。

魏钰明（前排左五）作为公管博15党支部书记组织博士生党员听党委书记彭宗超老师讲授的集体党课

“姚期智先生曾说，对智能社会治理的研究可以改变整个领域的格局，使得我们在一个重大领域能够领先引导，对社会、对人民、对人类福祉都能产生巨大影响。我当时听着，就觉得挺欣慰，从内心的满足感与成就感来说，真的感觉到自己的研究未来可能在一定程度上能对历史的发展做出一点贡献。”

在魏钰明成长的过程中，无论是本科北大政管“天下为公，报国为怀”的理念，还是博士生涯在清华公管“明德为公”的训导，都对他产生了深刻的影响。二者都强调公共管理学者不仅要在学术上关注民生福祉，更要在日常生活中尽己所能地为公众利益奔走疾呼。

“我始终坚定地认为，作为一个公管人，我有责任挺身而出，扛起公共利益的基线。”

“学术马拉松，也是人生马拉松”

“要不要继续下去?”这也许是每位博士生都会问自己的问题。

面对现实的变故，利益的诱惑，理想的若隐若现，魏钰明的答案是坚持。

“我也渴望成功，但是我也知道每一个成功的背后都是一定要把一件事情做好。”

为了兼顾学术和家庭，魏钰明在母亲病重之际仍然选择不辞辛劳，两地奔波；为了对论文和研究负责，魏钰明坚持5年深耕一篇文章，不改到极致不罢休；为了对公共权益负责，魏钰明频繁往返于地球两端，为推动国家治理创新传递最新的观点与思考。

“很多时候我也会犹豫，但最后犹豫的结果就是仍然决定，既然做了一件事情，还是先把它做好，不要轻易放弃。”

正是由于不想让自己的努力白费，魏钰明力求在每一件选定的事情上坚持下去。例如，他每天晚上都要去健身房锻炼一小时，“2015年入学时我才120斤，现在练到了160斤”。

对魏钰明而言，人生长跑的终点线只是一个记号，关键在于这一路是如何奔跑的。努力做一个对社会、对人类有益的人，这是魏钰明人生马拉松的执念。“可能因为生活的经历，我对权力、金钱和荣誉都没有特别强烈的欲望，只有一点，就是希望能够真正为人民、为社会、为人类做一点事情，回报一下曾经帮助过我的人。至于具体是什么，要让时间和历史来决定。”

魏钰明的理想，是成为一个像他的导师苏竣教授那样的人。“苏老师一心为国家做贡献的精神对我的影响特别大。在我的印象里，苏老师几乎没有怎么休息过。我在陪他出差时听他讲，他本想回老家好好陪伴一下年事已高的父母，但因为疫情，大年初二他和师母就匆匆从家里赶回来，又投入到紧张的工作中。苏老师总是教导我们说，做人不要有太强的得失心，只要你坚持着把事情做好，时间一定不会亏待你的。”

魏钰明（右四）与导师苏竣教授、学院党委书记
彭宗超教授及师兄们合影

特奖对于魏钰明来说不代表将来，而只是对过去工作和经历的一个见证。他没有发过很多文章，也没拿过太多荣誉，他经历了

许多变故,也忍受了许久寂寞,他不是遥不可及的天才少年,而更像一位亲近的学长。他用自己的故事告诉我们,特奖是一条漫长的路,没有捷径,甚至也看不到前方,唯有一步一步地摸索,小心翼翼地前行。可能正如《基督山伯爵》里最后写的:

"人类的全部智慧就包含在这两个词里面:等待和希望。"

袁永浩：勇于在低维量子材料中探寻新物理

文　袁永浩

• 袁永浩　清华大学物理系 2015 级直博生

袁永浩，师从薛其坤教授、李渭副教授，研究方向为低维量子材料内的新奇量子现象。在博士期间，袁永浩在拓扑超导和高温超导这两个前沿的研究方向做出了重要突破，以第一作者或共同作者身份累计发表 SCI 文章 7 篇，其突出的研究成果在 *Nature Physics*、*Nano Letters* 等国际顶级学术期刊发表，清华大学以头条新闻报道了他的科学发现。

袁永浩

从零起步到第一个科学发现

2015年,袁永浩进入了薛其坤老师、李渭老师的研究团队,开启了自己的博士生涯,主要进行拓扑超导、高温超导材料等新型低维量子体系的研究。这些实验的开展离不开尖端的精密仪器及娴熟的实验技巧,实验室内的超高真空设备通常需要2~3年的学习才能完全掌握,而袁永浩在博士一年级时通过勤奋思考和刻苦学习,在导师和师兄的指引下,仅在一年的时间内就掌握了课题组内核心的实验技术。

他从博士二年级开始独立负责一个新实验室的搭建。自那时起,大到实验室内的环境装修,小到购买一颗螺钉,无数琐碎而繁杂的事务便全由袁永浩规划和落实。他仅用了半年时间,便将一个空房间建设成了设施齐全的实验室,并紧接着参与了该实验室内分子束外延-极低温强磁场扫描隧道显微镜联合系统的搭建工作。在接下来的几年中,他的实验工作正是在这台仪器上开展的。

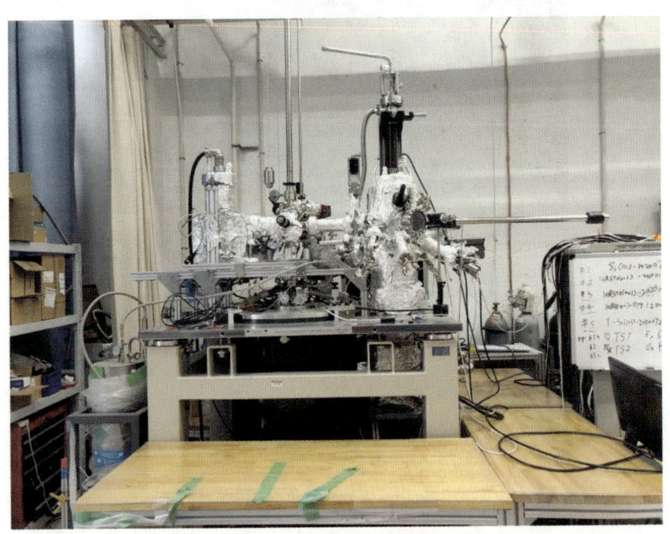

分子束外延-极低温强磁场扫描隧道显微镜联合系统

每天的实验大多是重复且单调的，利用分子束外延进行薄膜生长需要对每一个参数进行精确的调控和反复的尝试，只有夜以继日地不断摸索，才有可能获得一块高质量的薄膜样品。

另一方面，扫描隧道显微镜实验通常需要极为安静且稳定的外部环境，而深夜往往是进行精密测量并获得高质量数据的最佳时机。就这样，袁永浩的工作经常昼夜颠倒，每天除了六七个小时的睡觉时间外，基本都在实验室内。他将自己全部的热情投入了科研，探索着低维量子材料中可能存在的全新物理现象。

2017 年 6 月的某个晚上，袁永浩终于在 FeSe 薄膜的研究中取得了进展，他首次揭示了该材料的向列畴界可以诱导出拓扑非平庸态，由于单层的 FeSe 薄膜具有高温超导的特性，这一研究工作为高温拓扑超导的实现带来了新的思路。最终，这一研究工作发表在国际一流期刊 *Nano Letters* 上。

这一科研突破在很大程度上鼓舞了袁永浩，增强了他的科研信心，但他并没有因此满足，反而第一时间回到实验室，归纳总结了这一研究过程中收获的经验，并在此基础上开启了他的新课题。

注意细节，追求极致

“追求极致，勇于挑战最前沿的科学问题。”这是薛老师对团队中每一个博士生的要求。

在积累了足够的实验经验后，袁永浩开启了对拓扑超导这一最前沿科学问题的探寻，他选择了 $2M\text{-}WS_2$ 这一全新的材料作为平台，尝试寻找它在极低温环境下的拓扑超导迹象——马约拉纳零能态。

有关拓扑超导的研究在开展初期就面临重重困难，它需要实验者有娴熟的技巧加上反复的尝试，甚至有时还需要一些运气，才能完成一次数据采集。

$2M\text{-}WS_2$ 单晶的尺寸通常为 0.5 毫米量级,实验中需要用一根原子级精密的针尖在不可视的条件下与该样品准直,成功率之低可想而知,一旦准直失败,往往意味着针尖的损坏,实验需要从头开始。实验在最开始的一两个月难以取得任何进展,每天的工作几乎都是在失败与重启间不断重复,这对于科研工作者的信心打击有时是致命的。但袁永浩并没有因此气馁,他想到了一种特殊的制备样品的手段,可以在很大程度上提高针尖寻找样品的成功率。在使用了全新的设计后,他的实验效率大大提高。

在攻克了样品制备关后,接下来的是数据的采集与分析。在繁杂数据中提取出有效的信息,并理解背后的物理含义是一项更具挑战性的工作。遗憾的是,早期采集的数据却让人费解,无法成为拓扑超导的证据。

袁永浩并没有轻易放弃,每天都以满负荷的状态投入工作,通宵采集数据更是家常便饭。他心中明白,拓扑超导的信号可能隐藏在看似不起眼的地方,稍有不慎便可能错过。他在实验桌上放了一个刻有“注意细节”的摆件,时刻提醒自己不要错过任何一个微弱信号。

在 2018 年 6 月的一天,他终于在海量的数据中捕获到了马约拉纳零能态存在的迹象,为证明拓扑超导的性质带来了希望。在接下来的实验中,他关注了数据采集的每一个细节,优化每一个参数,寻找到了最优的实验观测条件,极大地提高了数据质量,实现了对 $2M\text{-}WS_2$ 拓扑超导性质的系统性表征。

这一工作是科学界首次在本征的过渡金属二硫族化合物中实现了对马约拉纳零能态的观测,为拓扑超导领域的发展及拓扑量子计算的研究搭建了新的平台。最终这一研究成果发表在物理学顶级期刊 *Nature Physics* 上。

有了前面实验工作的积累,不久后,袁永浩又对反铁磁拓扑绝缘体 $MnBi_2Te_4$ 完成了系统性研究,并将研究成果发表在 *Nano Letters* 上。除此之外,他还发现 FeSe 薄膜具有特殊的电子液晶态行为,并将这一研究成果发表在 *Nature Communications* 上。

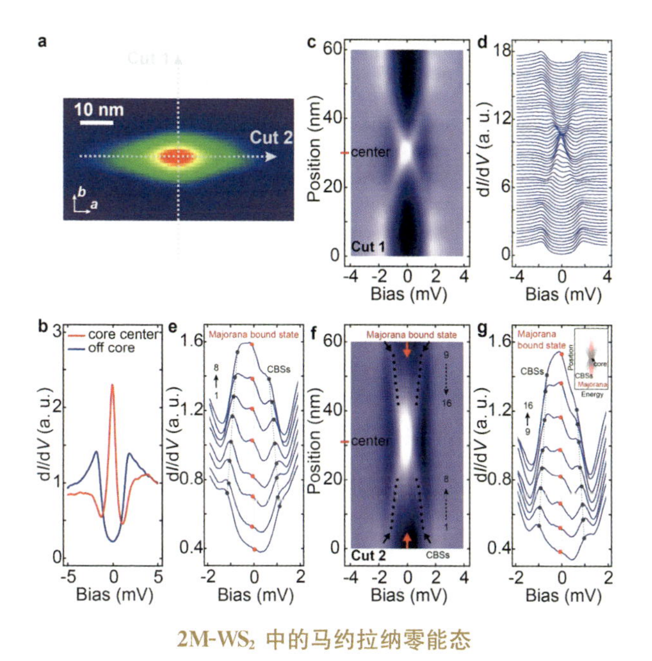

2M-WS_2 中的马约拉纳零能态

回首过往 5 年,他在实验中取得了不少成绩,但更多时候需要面对失败与挫折。“其实大多数的实验尝试都是以失败告终的,毕竟做科研是在探索未知领域,每一个步骤都要承担失败的风险,但我们不能因此失去探索的勇气。”而失败与成功之间,有时就差了一小步对细节的把握,对极致的追求。

5 年的科研历程让他明白,“热情是对科学探索的最好推动力,它能够让人在失败时也不会灰心丧气,反而能够将失败积累为自己的经验,重整旗鼓,再度出发”。

服务集体,深耕党建工作

在做科研的同时,袁永浩还曾担任物研 151 班级党支部书记,在任期间辛勤工作,以“凝心聚力、五建一体”为核心思想,在班集体内围绕着思想道德建设与学术文化培养等主题开展了丰富多样的集体活动,努力为班集体营造团结向上且独具特色的文化氛围。

党支部和班集体的建设花费了他大量的时间,分散了不少本可以用于科研的精力,但他很好地在科研和支部工作之间找到了平衡。"服务集体、服务他人是一名清华人应有的责任与担当",他时常用这句话勉励自己。

他在党建工作上成果显著,以党支部为核心成功建设了一个奋发向上的班集体,在一年一度的清华大学集体评优中,他极具特色的工作案例为物研 151 班级争得了清华大学研究生先进集体的荣誉称号。

经过了党建工作的历练,袁永浩也收获了成长,思想变得更加成熟:"希望在未来的职业生涯中,不仅能够将科研做好,还要将服务他人、服务集体铭记于心,恪守又红又专的清华精神。"

物研 151 党支部合影(左一为袁永浩)

CHAPTER

02

第二章

水 木 秀 钟

陈嘉杰：一名纯粹的 Hacker[①]

文　张书宁 陈果 易思博

• 陈嘉杰　清华大学计算机系 2017 级本科生

陈嘉杰，清华计算机系计 72 班学生，本科期间参与大量科创竞赛及课改项目，曾获清华大学第三届“龙芯杯”团体特等奖、2020 国际大学生超级计算机竞赛（ISC20）第三名、2020 国际大学生超级计算机竞赛（SC20）团体总冠军及个人 LINPACK 基准测试单项冠军等奖项，获得 2020 年清华年度人物提名。

陈嘉杰

① 黑客，通常是指对计算机科学、编程和设计方面具有高度理解的人。

热爱科创：始于兴趣，在挑战中突破自我

陈嘉杰在中小学时便与计算机结缘，受家庭环境的影响，他喜欢探索自己各方面的爱好。每当放学，同学们在回家路上结伴玩闹时，陈嘉杰早已回到家中与电脑相会，在搜索引擎上自学着自己感兴趣的领域。当时的他虽然还没有涉足较深的专业领域，但大量的自学与试错经历让他发现了自己的兴趣所在，一颗名为“计算机”的种子在少年心里开始生根发芽。

来到清华大学后，陈嘉杰惊喜地发现这里有一群志同道合的朋友，大家经常聚在一起讨论网络运维方面的知识。中小学时还难觅知音的他在这里找到了一份归属感，于是他毫不犹豫地选择了加入科协网络部与 TUNA(清华大学学生网络与开源软件协会)，与朋友们一同在感兴趣的领域中深耕。

就这样，陈嘉杰一边发掘着自己的爱好，一边投身于课业知识的海洋中。基础扎实的他在大一上学期便修完了“计算机网络原理”这门大三的专业课，之后在大二春季学期选修了“数字逻辑设计”这门较难的实验课。在数字逻辑设计课上，之前接触硬件不多的他领略到了硬件语言的魅力，新世界的大门就此对他打开。也正是在那个暑假，陈嘉杰收到了“龙芯杯”比赛的招募信息。

“龙芯杯”全国大学生计算机系统能力培养大赛是国内顶尖的科创竞赛，参赛者以已经具备一定专业水平的大三学生为主。陈嘉杰在考虑到自己基础坚实，同时参赛对大三的“计算机组成原理”等课程有优惠后，毅然报名参赛。最终他也再次突破了自我，取得了团体特等奖的佳绩。

“龙芯杯”的参赛经历让陈嘉杰至今无法忘怀。由于有往届学长的开发基础，那届比赛几乎使用了一致的硬件平台，但千篇一律如何能起到创新的效果呢？于是，陈嘉杰所属队伍提出将 USB 接口利用起来。然而，已有的 USB 协议要么价格昂贵，要么功能不

全，权衡之下团队选择了一个较为成熟且价格在可接受范围内的USB协议。但该USB协议的接口与实验平台接口不同，需要大量更改，这又充满了挑战。陈嘉杰知难而上、日夜攻坚，一边大量查阅资料，一边请教前辈，并从张宇翔学长那里获知了一种精简的调制方法。就这样，整个团队对硬件与软件都做了大量修改，使得USB、鼠标、键盘与读卡器都顺利运行，最终脱颖而出摘得桂冠。

陈嘉杰（右三）和同学们在“龙芯杯”赛的获奖合影

如果说参与“龙芯杯”是陈嘉杰的大胆尝试，那么加入超算团队更多的是出于偶然。当时的队伍需要新成员分担部分任务，陈嘉杰所做的领域又恰好与之相关，便欣然应邀加入了队伍。

提起在超算团队里的那段经历，陈嘉杰表示“挺刺激的”。为了超算决赛，团队包下了一整间会议室，作为他们比赛的“阵地”。由于赛程紧张，连续几天整个团队都没合过眼，战至深夜时，满桌电脑屏幕的亮光就足以照亮整个房间。由于加入时间较晚，陈嘉杰被分配到的任务相对简单，但他依然如履薄冰：他所负责的基准调试程序一旦出错，多余的工作将耗费几千美元的成本。于是每输入一条命令，陈嘉杰都会让所有人确认无误后才敢按下回车，必要时还会结对编程——这样的体验让他感到刺激有趣。

当被问起在SC20中如何获得LINPACK单项冠军时,陈嘉杰谦虚道:“我觉得这个冠军没什么技术含量,更多是策略的问题,如果之前的钱和预留机器足够,程序就能跑得比较好。”

陈嘉杰(前排左二)和其他超算团队成员的合影

投身课改:勇于创新,在实践中探寻真知

相较于对网络的热爱和在科创活动中的活跃,陈嘉杰在课改中的投入与成就更加广为人知。计算机系的个别课程一直存在理论与实践之间差距较大而无法兼顾的问题,几位老师与助教也很早提出了课改的想法,并召集人员加以落实。陈嘉杰抓住了这个机会,主动请缨加入课改团队,他与课改间的故事也就此开始。

在大一寒假时,渴求知识的陈嘉杰便再度与他的老朋友——搜索引擎相会,他自学了斯坦福大学的CS140e课程中用Rust语言编写操作系统的知识,并在大二的春季学期选修了操作系统这门大三的专业课。无独有偶,当时的教学团队有意将C语言编写的uCore操作系统改用Rust语言编写,并以uCore+实验室的同学为主力完成该项目。陈嘉杰也不甘示弱,在自己的大作业中对

rCore 的功能进行了扩展，在这之后，陈嘉杰的大作业逐渐与其他项目合并，并演化为操作系统课程的重要实验部分。

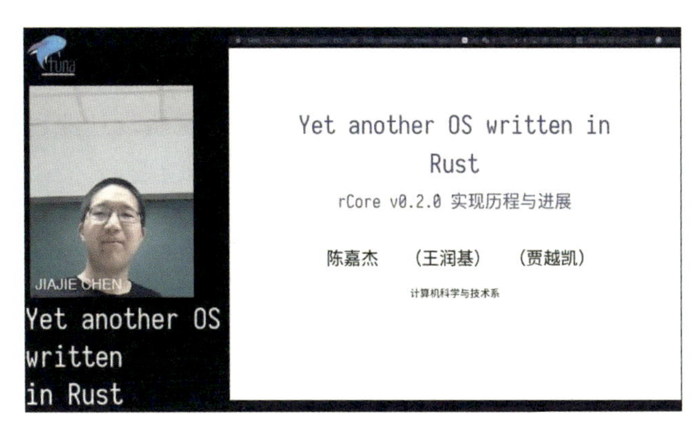

陈嘉杰与同学们分享所编写的 rCore 系统

除了 rCore 项目外，陈嘉杰也将其热爱的网络融入了课改事业中。在不断深入接触网络的过程中，陈嘉杰发现了一个问题：自己虽然网络协议学得很深，但还不会在电脑上配置一个网络协议，难免感到理论和实践互相分离。以此为契机，陈嘉杰参与到计网联合的课改项目中。

计网联合的课改项目在最初充满了未知与挑战。“第一年就翻车了，因此花了很多时间去重新设计。”陈嘉杰笑着调侃道。有时在骑车的路上甚至在吃饭时，陈嘉杰都会思考如何去设计课程的整体架构。终于，在不断的探索与实践中，陈嘉杰所在团队发现了一个合理的方案：将大实验化整为零，将容易实现的部分单独设计，让同学们学会网络编程中真正重要的技能——调试和配置。“怎么调、怎么配，比考验高性能的路由器更有用。”然而他课程改革的脚步仍未就此停下，在大四的秋季学期，他立足于已有的成果，在实验室中搭建出了树莓派集群，通过动态分配树莓派保证了网原实验的高效进行。

疫情期间，所有教学改为线上进行，给数字逻辑实验这种需要实操的课程带来了不小的挑战。心系课改事业的陈嘉杰尽其所长，开发了以自己名字命名的在线实验平台“JieLab”。

以往，数字逻辑实验课程使用的是实验积木模块，由于线上教学中选课人数太多，全硬件环境下的操作与检查将是一个浩大的工程，但如果完全使用仿真平台，就无法观测到真实硬件中存在的问题。教学团队经过一系列讨论后，决定将一部分简单的实验用FPGA替代，于是陈嘉杰学以致用，利用数字逻辑设计课程中的FPGA实现了实验与管理的功能，并完善了诸如前端、文本编辑器、提交代码、后端生成 Docker 和 Quartus 交互等细节，最终搭建出“JieLab”，为 200 多位同学提供了线上完成实验的服务，平台总计完成了上万次硬件代码的构建。

结语

“我觉得自己是一个不典型的人，准确地来说是一个 Hacker。”陈嘉杰这样描述自己。在《黑客与画家》一书中，作者将黑客比作画家，编程就如同一种艺术创作，程序员在实践中不断学习，在兴趣中不断探索。“出于兴趣而解决某个难题，不管它有没有用，这就是黑客。”

以兴趣为色彩、实践为画笔，陈嘉杰就这样在清华园这幅画卷里描绘着 4 年的光阴。愿你我亦能像陈嘉杰一般遵循心之所向，竭尽全力去追寻属于自己的角色与答案。

陈翔：高被引学者中的博士生

文　陈翔

• 陈翔　清华大学化工系 2016 级博士生

2020 年 11 月 18 日，科睿唯安发布了其 2020 年“高被引学者”名单，共有来自全球 60 多个国家和地区的 6 167 名学者入选。其中，清华大学共入选 55 人次，而陈翔是唯一以博士生身份入选者。在过去十年间，入榜学者均发表了多篇高被引论文，被引频次在 Web of Science 中位于同学科的前 1%，彰显了他们在同行中的重要学术影响力。

滴水穿石，厚积薄发

2016 年，陈翔本科毕业于清华化工系，同时取得数学二学位，随后以第一名的成绩直接攻读博士学位，师从张强教授。在确定研究选题时，他始终记得导师告诉他的原则——以前沿的眼光理清国家化工行业的发展趋势，从务实的角度将所做的事情和国家的需求紧密联系。

博士期间，面向国家能源发展的需求，他结合自身数学特长，选择从事能源化工基础研究，始终考虑采用共性的定量关联规律替代现象的定性描述，试图通过现象找到能源存储的基本规律，尝试建立能源电化学中关键原理。

最初，陈翔是课题组中唯一从事基础理论研究的博士生，这一选择让他在科研初期遇到巨大的挑战。开拓新方向，困难重重；缺乏经验,摸着石头过河,遇到问题难以找到有效解决方案;理论研究工作也往往面临着更大的质疑——结果是否可靠,又有什么作用? 在最艰难的时期,陈翔始终牢记张强老师的教导,“做国家需要的科研,要勇于克服一切困难”。

“由于从事理论计算研究,我可以和自己的‘小伙伴’一起 24 小时‘连轴转’,保证自己每时每刻都在产出、成长。”经验不足,就多积累数据,从中获取经验;对关键科学问题理解不够,就多阅读文献、教科书,向其他人学习。

电解液在锂金属负极表面发生反应进而可能引发起火、爆炸等严重事故,严重限制了高比能锂电池实际应用。尽管在过去几十年里开发出了各种抑制该界面反应的电解液设计策略,但这一问题难以从根本上得到解决。通过大量的数据积累和反复的模型构建,陈翔从复杂的实验现象中敏锐地发现了问题的根本所在,锂离子可以通过锂键与溶剂分子形成“离子—溶剂”结构,进而促进电解液的还原分解。这一发现为后续的电解液设计开发提供了可靠的理论指导,有望推动下一代锂电池的实用化进程。

陈翔获得 2020 年科睿唯安全球高被引学者

4 年多的时间里,几百万个计算核时、数以 TB 的数据、近万篇文献的积累，一次又一次的磨炼与洗礼，让陈翔慢慢有了脱胎换骨式的改变，能够快速、准确地发现复杂现象中的关键科学问题，提出可能的解决方案；对自己的研究也愈发自信。仅在 2020 年，他就以第一作者身份先后在 *Accounts of Chemical Research*、*Angewandte Chemie*、*Chem* 等化学领域顶级国际期刊上发表多篇论文，H 因子高达 29；所发论文在 Web of Science 被他引 4 600 余次，获得了 2020 年科睿唯安全球高被引学者（清华大学入选的 55 人次之一，唯一的博士生身份入选高被引学者）。

携手共进，合作共赢

在张强老师课题组，和陈翔同一年入学的还有博士生李博权、硕士生张学强，其中张学强获得了 2018 年研究生特等奖学金、学术新秀，李博权获得了 2019 年研究生特等奖学金，陈翔获得了 2020 年研究生学术新秀。三颗新星汇聚一起，不是争夺光芒，而是互相照亮，凝聚出了“1+1+1>3”的星汉灿烂。面对国家能源需求和领域中的关键科学问题，三人之间合作产出了十余篇科研成果。

与课题组同学参加学术会议（陈翔：前排右二；张强：后排右一）

与课题组同学之间频繁的交流与讨论，不仅大幅提升了陈翔对科学问题的理解深度，也有效锻炼了他团队协作、与人沟通交流的能力，与伯克利、中科院等全球近 10 个课题组建立了合作关系，逐渐走向全球化的舞台。良好的合作关系推动着陈翔在学术领域阔步前行，逐渐受到同行业专家学者的认可，获得国际会议最佳报告奖/墙报奖 5 次，担任 *Energy Storage Mater.*, *J. Mater. Chem. A*, *Phys. Chem. Chem. Phys.*等期刊独立审稿人 50 余次。

2020 年突如其来的疫情阻挡了大家返校开展实验工作，在这种复杂局面下，陈翔积极组织课题组开展理论与计算培训，推动线上科研的正常开展，把自己所学的理论研究技能传授给更多的同学。如今，三位清华本科生在他的带领下开始科研初探，他的故事也将影响着更多的同学。

时光熔金，初心不变

王国维曾在《人间词话》中点评古今中外成就大学问、大事业的三种境界，其中，“衣带渐宽终不悔，为伊消得人憔悴”一句让陈翔倍感激励。“很多人小时候都有一个长大成为科学家的梦想，只不过我把最初的梦想坚持到了现在。幸运的是，我比较早地想清楚了自己的科研志趣所在，并一直坚持在为这个目标努力奋斗着。”

陈翔在 2020 年清华化工系研究生开学
典礼上分享研究生阶段的选择

在2020年这个注定被历史铭记的时间节点，陈翔即将博士毕业，走上新的科研旅程，但同时也面临着新的选择。虽然科研的道路从来没有一帆风顺，但自强不息、厚德载物的清华精神将一直激励着他不忘初心、砥砺前行，继续做国家需要的科研！陈翔也致力于将所做研究和机器学习、人工智能等前沿技术相融合，逐步走到世界前沿，走到无人区，寻找创建学科新范式的机会，让化学工程更好地服务于第四次工业革命，满足国家对能源的巨大需求，在信息、物质、能量互联的网络中，使美好生活更容易实现。

“能在国家需要的领域做点事，很幸福！”这样的幸福感一直激励着陈翔以最积极的姿态面向未来，以最大的热情拥抱祖国的发展，做出自己的选择！时岁熔熔，雕琢万象，初心永恒！

戴晓龙：少年歌声伴岁长，休负好时光

文　华静宜 戴晓龙

• 戴晓龙　清华大学日新书院2020级哲学专业本科生

在第三十届“乐游记”校歌赛决赛中，戴晓龙取得了第四名的好成绩。

今天，让我们一起走近戴晓龙，聆听他与音乐的故事。

舞台上的戴晓龙（一）

音乐·相遇

从七八岁起，戴晓龙就喜欢上了唱歌，没有接受过专门声乐训练的他却丝毫不露怯。小学二年级时，他第一次在 KTV 里唱了首情歌，收到了姐姐一众朋友的夸赞。当时的戴晓龙，既害羞又开心，只把音乐当作“玩儿”的他，并没有想过 10 年后，自己会站在清华大学校歌赛决赛的舞台上，与学长前辈们同台竞技、一展歌喉。

戴晓龙还记得，开学后的第三周，他第一次看到校歌赛的微信报名通知。没有丝毫犹豫，他点开了报名链接，填上了自己的名字。作为刚刚从高考中走出的零字班新生，在高中时因为学业繁忙，戴晓龙并没有时间和精力参加类似比赛。然而，戴晓龙却一直视唱歌为人生中最大爱好和自己个人特色的重要组成部分。在上大学前，他便定下了参加校歌赛目标，也将获得校园十佳歌手作为了自己本科四年最大的愿望之一。

舞台上的戴晓龙（二）

登台·绽放

虽是第一次登上清华的舞台，披荆斩棘、一路“杀”进决赛的戴晓龙却十分自如。他将舞台上唱歌的每一分钟都视为人生的享受，在《I Don't Wanna See U Anymore》、《凄美地》与《Bad

Romance》的歌声里，他忘却了晋级的压力，全心投入，全情歌唱。

无心插柳柳成荫。每一次的表演，戴晓龙都惊艳了台下的观众，给他们带来全新的体验，他自己也愈发享受校歌赛的舞台，享受与同样热爱音乐的小伙伴们切磋的乐趣。

舞台上的戴晓龙(三)

谈及参加校歌赛的收获，戴晓龙很快便列出了一大串：接受音乐达人的单独指导、精进自己的演唱技巧、收获他人的肯定与赞美……百日校歌赛之旅，让戴晓龙一步步接近自己的十佳歌手梦，从始至终遵从内心所爱、尽情用歌声传递自我的他也因此愈发从容。

舞台上的戴晓龙(四)

“说实话，碰上了校歌赛五朝元老，本来以为自己连第三轮也进不了；进第三轮后，又以为自己肯定垫底，没想到最后居然位列第四，差一点就成了季军！”结束比赛后的戴晓龙，十分满意地分享着自己参赛的心路历程。穿着羽绒服、戴着毛线帽，戴晓龙就这样单枪匹马走上了舞台，用自己的歌声点亮了清华园的夜空。

舞台上的戴晓龙（五）

感恩・感动

少年在台上如星般闪烁，新清华学堂的台下也聚集起了独属于他的星空。决赛当晚，日新书院的许多同学都前往现场，为他加油。看着台上发光的他，戴晓龙的合伙人若蕾说道：“从复赛开始，我就像是晓龙的‘经纪人’，决赛还是，一路陪着晓龙走到现在，看到他拿第四我超级激动！虽然因为我自己的安排很多环节都没有陪晓龙一起面对，但真的非常非常感谢他一直相信我！”

而这一切，都被细致贴心的戴晓龙记在了心里，他一连用了五个感谢来表达自己的感动，在采访中留下了这段话语：

“感谢我的家人们一直在远方的家乡为我紧张、为我加油打气!

“感谢若蕾一直为我忙前忙后!

“感谢我的室友们一直为我加油打气,做我最忠实的粉丝!

“感谢‘乐游记’所有辛勤付出的工作人员!

“感谢日新大家族给我的鼓励与支持!

“当时真的非常感动,真真切切地感受到了日新书院这个大家庭给我带来的温暖与关怀,谢谢你们一直以来的肯定与陪伴!给你们最热情的拥抱,给你们九十度鞠躬!”

校歌赛后与朋友们合影

展望·未来

对于下次是否继续参赛,戴晓龙还没有做出决定。不过,在未来,他打算进一步学习乐理知识与作词编曲等技能,增进业务水平、提升自我。

“唱歌既是给我生活增味的美味佳肴,也是令我闪亮的高光。唱歌是我生活中不可或缺的一部分,我希望用歌声表达生活中的酸甜苦辣,表达真正无掩饰的自我;我希望我的歌声中能蕴含灵魂，充满情调与韵味；我希望我的歌声和我的人都越来越有趣。”

这是戴晓龙对音乐与歌声的理解，也是初入清华的他用行动给出的人生答卷。

舞台上的戴晓龙（六）

何俊毅：我与实践的故事

文　何俊毅

• 何俊毅　清华大学土木系 2018 级本科生

何俊毅

第一次“走出去”

大一的寒假，对何俊毅有着特殊的意义。每到傍晚，他的朋友圈里就布满了同学社会实践的推送。虽然那个假期他并没有参与社会实践，但这些所见所闻在他心里埋下了一颗种子，这也为后来他选择土木系团委实践组作为第一份学生社工埋下了伏笔。

进入实践组之后，何俊毅在组里学长的带动下，报名了“聚焦京津冀"项目。第一次实践，他就尝试担任了支队长。

"现在每次我向大家介绍自己的时候都会说自己的性格内向，大家总是哄堂一笑。可是大家不知道的是，我第一次打电话给系友前，在宿舍中厅踱步了 20 多分钟，思考自己到底要不要打，电话接通之后马上双颊发烫，声音止不住地颤抖，通话结束，我的手心上全是汗水，有种'劫后余生'的感觉。"何俊毅笑着说道。

第一次"走出去"（前排右一为何俊毅）

在第一次实践的过程中，何俊毅完成了他的许多个第一次：第一次组织策划、第一次外联、第一次访谈。而何俊毅与队员们同直系学长进行的深刻交流，让他们在学习相关专业知识之余，充分了解了专业前景。通过这次专业认知调研，何俊毅更加清楚了自己未来的道路，对社会实践的热情也更加高涨。第一次实践的经历让何俊毅觉得——"走出去"，或许没有那么难。

我们需要"沉下来"

大一学年暑假，何俊毅率领"中流砥柱"支队，与同学结伴前往重庆市石柱县，探访习近平总书记曾经到过的华溪村——出生于县城的他第一次对基层有了全面、直接的认识。

在这里,何俊毅结识了有“十八般武艺样样会使”之称的驻村第一书记。在座谈交流的过程中,何俊毅惊讶于第一书记对村情贫情的了如指掌——“让最贫困的人脱离绝对贫困”是书记说得最多的一句话,在这个年轻人都选择外出务工的村子里,扎根在这里的村干部成了老人们新的依靠。直到离开华溪村时,何俊毅才知道,这位第一书记是北京大学的毕业生,之前也在北京工作,作为党员的他积极响应国家号召,扎根在了华溪村。“我想这次实践对我思想上的改造是巨大的,我改变了以往对脱贫攻坚工作的片面看法。”何俊毅在实践感想中这样写道。

何俊毅(右二)和支队成员与第一书记座谈

后来在拜访乡镇的过程中,何俊毅结识了当地的乡党委书记。乡党委书记也是一位清华校友,10 年前,他本来可以留在北京发展,但最终放弃了这个机会,选择回家乡做选调生。

“我当时问他为什么在十多年前放弃北京的工作机会,要选调回到在当时相对贫困的石柱县呢?”这次拜访,激发了何俊毅之后继续前往基层探索的热情,让他明白了清华人始终坚守的家国情怀——深耕基层一直是清华人始终坚守的传统，这些年来，有许多清华人在祖国的号召、家乡的需要下，放弃了留在一线城市的机会，最终选择了作为选调生回到家乡，投身到家乡的建设中。

支队在石柱中学宣讲

调研结束后，何俊毅在感想中写道：“在这里的每一天，我始终被遇到的人和事感动着，这次实践让我认识了很多像他一样的基层工作者。对于第一次到基层的我而言，每位扶贫干部或许只是国家的十四亿分之一，但他们身上坚持与奉献的精神，让他们成了无数基层群众心上的‘第一’。我想，我国乡村的发展正是需要一代又一代这样的人愿意沉下心来，深耕其中。”

受基层教育的学生

离开石柱县后，第一书记的话始终萦绕在何俊毅耳畔，于是，大二学年寒假，他回到普洱进行了茶产业扶贫的实践，第一次真正认识了家乡的基层。

“之前主要组织的是专业认知类的实践，这是我第一次组织支队前往基层，所以对每一个细节都要求做到尽善尽美。我到现在还记得副支队长和我为了支队第一篇推送的标题苦思冥想了两个多小时,标题写出来后,他当时累得直接躺着睡着了。'常怀象牙塔外事,不做桃花源中人',这个标题之后无论是在支队答辩还是个人答辩上也被我一直使用,我想这对我来说不仅仅是一句口号,它更代表了我和实践中每位同学的友谊。"

何俊毅(中)与队员讨论工作

到达目的地后,在山区面积占99%的墨江县,何俊毅深入农村,撸起裤脚,走两个小时山路参观古茶林,前往村委会的大院子与村支书共同探讨村子的扶贫之路。村支书告诉何俊毅,虽然普洱茶闻名天下,但由于交通不便,村里茶叶的销量始终提不起来,何俊毅喝着从小熟悉的普洱茶,第一次从甘甜的茶中品尝到一丝酸楚——"如何扶"这个问题需要他继续深入调研。

与之前一样,在这次的调研行程中,何俊毅带领着大家为当地做着力所能及的贡献:在小城里,他主动联系当地中学,回到母校为学弟学妹们分享大学生活的点点滴滴;他们去习总书记曾经探望过的灾区,调研当地百姓这些年来的生活变化;茶山上,支队成员与当地布朗茶农拉家常、压制茶饼,留下了难忘的基层记忆。

在这次实践中,何俊毅了解到,在一些典型示范村,由于生态和民族文化"底子"较厚,当地政府"因地制宜"推出了许多的政策,

“古语茶香”支队参观茶产业

打造出鲜明的地域特色。但是对于众多“底子”较为薄弱的村镇，突围之路仍然道阻且长。对此，何俊毅有感而发：“典型、示范之下的民生冷暖，不能仅靠几个个例来感知。我想我们固然要有‘管中窥豹’的能力，但在‘管中窥豹’之外，我们需要抛开典型，前往社会关注较少的地方看一看、走一走，这或许才是祖国基层最真实的模样。”

山西省支队成员在路牛村访谈

为了增进对基层的了解,在疫情防控常态化的背景下,何俊毅组织了一场横跨10个省份的产业扶贫调研。一个月的时间,支队身体力行调研"精准扶贫",线上线下联动实践。山西分队带着对中药材产业的好奇心,前往平遥县路牛村了解柴胡种植情况和当地经济发展状况;而湖北分队以茶旅融合为主题,前往恩施市见证花枝山村从第一贫村到第一富村的转变。在他的有效组织下,支队的足迹遍布了12个县市、14个村庄。

湖北省支队成员在花枝山村访谈

何俊毅通过多地的调研了解到,要想实现真正有效的脱贫,其关键在于激发脱贫内生动力,而被广泛推广的产业扶贫便是这样一种"造血式"扶贫。多次的实践经历也让何俊毅对扶贫调研从感性认知走向理性分析,走出象牙塔的他,始终是一个受基层教育的学生。

成为一个基层的服务者

"在寒假结束后一次与实践相关的答辩中,有一位辅导员问我以后对实践的规划是什么,我说我想参与服务建设类的实践,力所能及为基层做一些虽然微小但有意义的事情。”何俊毅回忆道，“投我以木桃，报之以琼瑶，我想一个真正有担当的清华实践人，在决胜全面小康的历史节点中不能仅仅是一个观察者，而应该用汗水与青春回馈基层。”

2020 年暑假，何俊毅首次报名参加了乡村振兴实践项目，渴望真刀真枪参与实践。7 月末，何俊毅便从家乡启程前往云南南涧县，在那里，他与一位清华大学挂职的第一书记相识。“我听说基层工作是块难啃的骨头，很多大学生村官难免存在‘下不去’‘留不住’的问题，但这位第一书记不仅在西山村扎好了根，还长成了一棵‘清华树’，为这里的人民群众送来了清凉。”

第一书记给支队讲解工作站规划

在之后的实践中，被清华学长鼓舞的何俊毅始终怀揣着对家乡的无限热情，争取为地方做出力所能及的贡献。

在乡村振兴的实践项目里，为了改善乡村规划风貌，他组织成员收集整理了南涧西山村、盐津烂田坝村的村域环境、特色民居等方面信息，并绘制成图。他们还以民族文化、特色景观等为基础设计了文创产品，助力地方农产品的宣传与销售。

同时，在实践的过程中，何俊毅积极动员支队开展宣讲与线上志愿辅导活动,希望能帮助更多贫困地区的学生改变命运,阻断贫困的代际传递。

支队设计的部分宣传文创产品

在实践过程中,支队在西山小学的一次支教给何俊毅留下了不可磨灭的深刻印象。“虽然我没有直接参与这次活动,但在课堂开始时孩子们洪亮的声音的确把我感动了。‘白日不到处,青春恰自来。苔花如米小,亦学牡丹开’,这首诗一下子映入我的脑海。相对城市的孩子而言,西山小学的孩子们所拥有的教育资源很有限,但是他们对知识的热情让我坚信,他们总有一天可以像牡丹一样绽放。”

西山村支教合影

在决胜全面小康的历史进程中，清华实践人不断发光发热，当国家困难之时，他们不负心中的家国情怀，纷纷贡献自己的力量、交出青年的答卷。面对新冠疫情，何俊毅主动组织实践成员，以创作“武汉新生”系列文创、投稿抗疫短文等形式，发出青年声音，用行动给出他的答案。

“武汉新生”系列文创

他眼中的实践

回顾两年多的实践经历，谈及实践中最难忘的经历，何俊毅说：“2020 年 1 月 17 日，那天是农历的小年。在云南长大的我，没有过农历小年的习惯，但是当时听支队里的同学聊到这个日子，我打算那天带着大家‘过小年’。那是实践的第 5 天，为了准备调研和宣讲，大家每天晚上都要熬到凌晨 3 点。农历小年那天下午我先是让大家睡了一个饱觉,晚上10点,集体到当地的烧烤街活动,0点的时候,我们共同举杯庆祝,那一刻感觉好像我们真的是一家人。"

"古语茶香"支队合影

还有一件事让何俊毅久久不能忘怀。一次实践途中,凌晨1点,他和同学坐在北京前往昆明的火车上,车厢里已经熄灯了,他们还在讨论一个问题——社会实践的意义是什么?"我曾经与老师、学长、同学们都交流过这个问题,每个人都有自己对实践的独到看法,那么对我来说,实践的意义是什么呢?"

当火车驶过武汉,整座城市的夜景映入眼帘,暗沉沉的车厢顿时被武汉长江大桥上的霓虹灯映亮,那一刻何俊毅回忆起实践中经历的点点滴滴,回想起在基层中每一位感动、教育着他的人,他在此刻有了他的答案——"对我来说,实践的意义很简单,那就是用行动回答'我要成为什么样的人?'"

对于这个问题,何俊毅心里似乎已经有了答案:"常怀象牙塔外事,不做桃花源中人。"走出象牙塔,走出桃花源,他对"初心"的探索之路,还远远没有结束。

李金峰：帮助更多的人，温暖更多的心

文　李金峰

• 李金峰　清华大学精密仪器系2018级本科生

李金峰

李金峰，入学以来累计志愿工时达到629.5小时，累计参加志愿项目30余项，曾获得清华大学抗击新冠肺炎疫情先进个人、疫情防控在线教学优秀志愿者、庆祝中华人民共和国成立70周年活动清华大学先进个人、清华大学五星级志愿者、清华大学综合优秀奖、志愿公益优秀奖、精仪系“志愿之星”等荣誉。

在对志愿工作的点滴投入中，她从志愿工作的参与者成长为公益活动的组织者，不断用坚持和情怀给身边的人带去关爱和温暖；她的志愿服务从清华到社会再延伸到国家，一路上她始终努力贡献着自己的力量，在思考中不断成长。这个园子的芳华阁里，述写着这样一个志愿者的故事。

用一封书信，结下与志愿公益活动的不解之缘

甫一进入清华，李金峰便积极参与各项志愿公益活动。她在精仪系接触到第一个志愿活动是“水木信箱”。在活动中，她和青海湟中一中的高中生通信，传授学习经验，交流人生观，分享对青春的理解，传递对未来的鼓励与期盼。鸿雁传书，有来有往，她第一次感受到自己也有抚慰人心的力量，一封短短的书信，或许就能帮千里之外的寒门学子走出迷茫——她的志愿者工作由此开端。

同时，怀揣着登上更广阔志愿者工作舞台的热情，李金峰逐渐参与到更加丰富多彩的校级志愿活动中，从在“buddy program(清华大学国际留学生接待志愿者计划)”活动中与国际生配对交流，到无偿献血传递爱心、拯救生命，再到 CUBA、清华暑校、短期支教等活动的志愿服务，她在志愿者道路上越走越远。

参与“buddy program”(右二为李金峰)

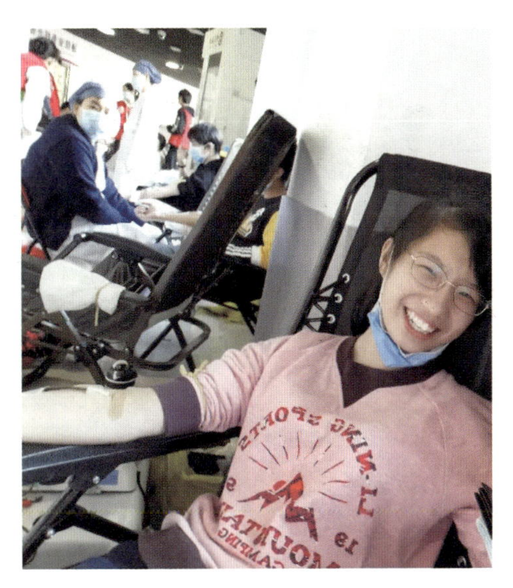

参与无偿献血

担任清华线上暑校 G8 班辅导员（右下为李金峰）

一次次的活动，是一次次的收获，也是一次次的成长。李金峰明白，志愿不是一个人的单打独斗，让更多的同学参与进来，凝成集体、依靠组织、善用资源，才能给身边人带去更多的温暖。

前往北京智泉学校进行短期支教(右一为李金峰)

从参与到组织，在志愿中不断成长

参与组织新生校园讲解(左九为李金峰)

逐渐地,李金峰开始组织志愿活动,带动身边同学,建设校园公益文化。作为校讲解志愿服务团项目组组长,她多次参与组织大型校园讲解活动,累计组织志愿活动超 2 000 人次。2020 年秋天,受新冠肺炎疫情影响,游客无法入校参观,她和队员们创新性地举办了“云游清华”线上校园讲解活动，招募志愿者逾 400 人，三天内开展了 160 场直播讲解，为 4 000 余名游客提供了校园讲解服务。此外，她策划、组织了艺术博物馆讲解、新生校园参观讲解、金牌讲解员评比等活动，引领传播校园文化。

校讲解志愿服务团合影（前排左一为李金峰）

2019 年 5 月，李金峰成功入选清华大学学生志愿者骨干培养计划——“薪火计划”，进一步激发了她的志愿服务热情。在培养期间，她发起“听见爱”公益项目，关爱听障儿童成长。“听见爱”以入校交流、99 公益日募捐、线上陪伴、社会实践支队等多种形式开展活动，项目获评“清华大学学生志愿公益项目发展支持计划”终审一级。

“薪火计划”十二期成员合影（第二排左六为李金峰）

组织"听见爱"入校交流活动

立足清华，服务社会

2020 年秋季学期初，李金峰参与组织教室教学技术志愿活动，负责协调志愿者排班等工作，协助教师开展融合式教学，志愿工时累计超 4 559 小时。虽然在组织的过程中需要投入的精力更大，付出的时间更多，但在每次活动结束时，她的心中充满快乐与幸福。"志愿是一种双向的馈赠，在活动中，帮助了别人，也充实了自己。"李金峰这样评价她的志愿活动。

志愿不仅仅是创造温暖的摇篮，也是认识社会的窗口和贡献国家的机会。李金峰认为志愿公益不应局限在校园中，而应走入社会、服务国家。作为支队长，她组织"公益中国赴珠三角互联网公益调研实践"，调研互联网浪潮中公益的创新与转型。2019 年 10 月，她担任"庆祝中华人民共和国成立 70 周年活动"志愿者，参与物资安检工作，通宵护送捧花顺利通过安检；同时，她还担任北京展览馆引导志愿者，最终凭借出色的表现获评“清华大学庆祝中华人民共和国成立 70 周年活动先进个人”。

“公益中国赴珠三角互联网公益调研实践”合影（左一为李金峰）

担任国庆 70 周年系列活动志愿者

物资安检小分队合影(左二为李金峰)

疫情大考中，交出清华志愿者的答卷

在 2020 年新冠疫情席卷中华大地期间,李金峰参与“春霖助学计划”,为边远地区高中生提供学业辅导;她参与北京市核酸检测信息录入工作,与 540 名清华志愿者一起与时间赛跑,35 小时内录入了 9 万份数据;她作为线上教学志愿者,协助线上教学开展,总结了超万字的问答备忘录;她协助校党委宣传部开展唯真讲坛,协助为武汉兄弟院校开设克隆班,最终获评“清华大学在线教学优秀志愿者”。

在党中央的坚强领导下,全国人民凝聚起坚不可摧的强大力量,最终战胜了突如其来的新冠肺炎疫情。2020 年 8 月,清华学子终于返回到阔别已久的清华园,恢复正常的教学秩序。开学后,李金峰作为抗疫志愿者代表(全校共 5 名)参与新学期第一次升旗,在新生导引课上分享志愿者经历。清华志愿者在这场抗疫大考中的奉献精神,深深地感染着园子里的每一位同学。

参与组织融合教学培训

线上教学骨干志愿者午餐会合影(二排右三为李金峰)

从最开始的默默参与,到现在的组织协调,李金峰的角色在变,但初心不改。她保持着对志愿公益的真挚与热情,组织更多的同学参与到志愿中来,去帮助更多的人,温暖更多的心。从志愿这个窗口望向校外,她尝试着去思考社会、服务国家,在公益上尽一分力,发一分光,用自己的努力让社会变得更加和谐,国家变得更有力量!

林腾宇：让每个非洲孩子都喝到便宜稳定的纯净水

文　林腾宇

• 林腾宇　清华大学机械系 2018 级博士生

厚积薄发，回归本质，回应生命根本需求

入学伊始，有许多科研课题方向摆在林腾宇面前。无论是从趣味性，还是前沿性、价值性等各个角度衡量，他都有着十分自由而宽泛的选择。然而，通过抽丝剥茧、反复对比权衡，他最终选择了净水这个与日常生活息息相关却至关重要的民生刚需和痛点。“水同时占人体与地表的 70%以上，是生命的基础。”通过观察分析，他发现，即便是中国一线城市的家庭用水，在直饮水入口这件事的处理上，已有技术不方便和不经济的特点仍然存在：每 2～3 个月便需要更换滤芯，整机设备售价高，废水比例高、二次污染性强等都严重限制净饮水行业的发展。如果说主流技术在对于这部分人群的净饮水问题上都如此困难和狼狈，更不用提那些水质差或是离网区域人群的生存处境。

那么是否存在一种材料和净化方式，让净水技术能够具备普适性、低成本、低电耗、零排废、可循环、高寿命等一系列优点，且针对离网区域人群，让净水入口这件事变得既轻松又长期可靠呢？针对这类问题，通过查阅文献、搜集信息，结合实验室已有的坚实研发基础，林腾宇希望能够从纳米材料的神奇特性和应用导向这两个“第一性要素”出发，双向糅合，制成一种应用性极强、具备技术智造价值的技术范式。

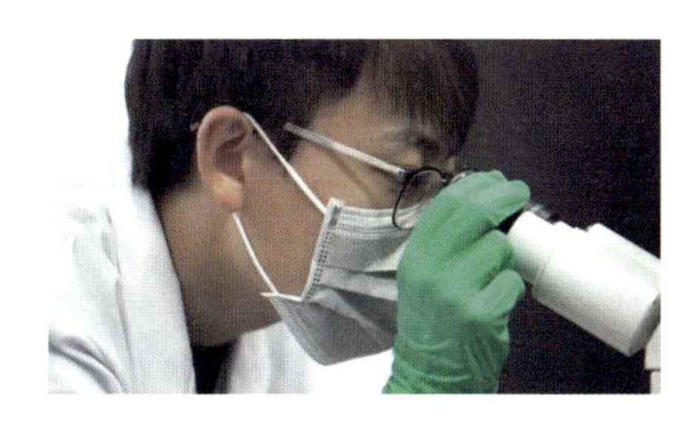

林腾宇在实验室探究石墨烯新材料微观结构

这样的设想和实际之间的差距是明显的。经过两年多的研究和反复论证，一种新兴的石墨烯界面热技术范式呼之欲出，它具备上述的诸多特性，实验室级别的测试已然满足产品要求，还剩下中试和落地，而这往往是卡住科研工作者的一道门槛。新冠疫情肆虐全球，但是并不能阻碍创新意志，林腾宇将滨海海边的社区家庭改造成户内外实验基地，利用车库式的创新方式维持了高速的研发能力，带领团队经过近半年攻关了落地和产业化闭环，使得技术范式真正转化成了产品样机。

当看到净化出来的水质和成本等数据，他第一个想法就是这种新技术应用于人均 GDP 1 000 美金以下的区域，成本上也是极为合适的，如果全球剩余的 24 亿用水困难人群都普遍的接受了这样的方式，那么全人类的用水根本性障碍就会被彻底根除，换句话说，这就意味着人类规避掉了一个数千年没有被解决的问题。

——摘自《投资北京》杂志

林腾宇（右二）和研发团队讨论实验进展和问题

产融互动，直面市场打磨实干型企业家全面素养

产研互动是技术落地的闭环，紧接着就是以产融互动作为支撑和托举，将项目真正落地运转。这件事也是新鲜的，从零到一，风险倒不足为惧，因为冒险精神是林腾宇的“第一性”，能冲敢冲倒不是难事——问题在于方向和逻辑，对于一个没有经验的初生牛犊，这件事显得没有那么确定。过程中逐渐形成一种脱离常规范式的离心力，事情变得非常规化，充满了不确定性，这对于相对稳定的学生惯性产生了很多冲击。但显然，这都是间歇性的，项目密集地获得了数十项创业赛事头奖，获得了产业界和投资界的持续关注。截至2020年末，项目融资已经临近结束，产融互动第一个闭环即将完成。

林腾宇在2020年清华大学校友三创大赛中展示项目

技术出身的创业者往往在市场营销和团队管理运营等方面显得不专业或是使不上劲，需要创始人有强大的意志力和学习力，在推动别人执行的同时，自己要加大力度摆平企业最难办的业务。在林腾宇看来，这其中没有选择题，而是完全的主观推动，技术上不能偷懒，管理和融资亦是。心细如发同时又要拨冗旁观，做到随时切换，确实极度考验智力和心力。

——摘自《投资北京》杂志

林腾宇在创业中实践

赋能民生，
科技智造彰显清华人家国担当和全球胜任力

创业向善和影响力企业是下一步同步要做的目标，创新和创业的初衷都是为了解决人类重大需求。林腾宇希望带领团队用合理的方式，通过先进的纳米智造和文化输出，将项目带到“一带一路”沿线，带到每一个世代净饮水短缺的区域，将设备和理念深刻赋能给千家万户。

林腾宇参加青年科学家论坛 WYSS2020 发表获奖致辞

这项技术被大赛主办方和联合国 75 周年办公室一致认为，有望从根本上解决人类饮水短缺危机,为塑造一个更加美好的人类未来提供关键助力。团队的获奖感言是向联合国75年来为维护世界和平、稳定、繁荣、发展所做出的贡献表示诚挚感谢与衷心祝愿,获得这项特别奖使团队"HurRain for Human"的理想与"Pure Water, Pure World"的信念更加笃定与乐观。

——摘自中国网

林腾宇获得联合国 UN75 周年特别奖

"弘润清源"团队荣获"联合国75周年特别奖",是清华大学近年来在培养学生通过扎实的科学研究造福于社会的基础上,特别重视培养清华学子兼具家国情怀与人类关怀的全球胜任力取得积极效果的鲜活案例。相信在将来,清华学子会有更多旨在通过科技改变世界,为人类创造更好生活的创业项目涌现。

——摘自民生网

刘通：你的学业疑惑，我在答疑坊为你服务

文　刘通

• 刘通　清华大学数学系 2016 级本科生

对清华的低年级同学们来说，如果基础课有学不懂的地方，除了找老师或者助教外，第一反应就会想到答疑坊。而在答疑坊志愿团队服务了 4 年的刘通，如今已经是答疑坊的灵魂人物。加入答疑坊 4 年多的时间里，刘通已经为 1 888 人次提供答疑服务，累计超过 400 志愿工时。

初加盟答疑坊：助力同学，提升自我

成立于 2009 年的答疑坊，最初是一项“解答同学疑惑，助力同学发展”的线下志愿服务。这项服务始终在清华第六教学楼一间固定的教室开展，风雨无阻。每晚 19:20—21:50，来自清华各院系的答疑志愿者们都会在教室里等待同学们的来访，为同学们答疑解惑。

2017 年 3 月，还是本科二年级的刘通，加入了答疑坊志愿团队，主要为低年级同学的微积分、线性代数、概率统计等数学类公共基础课程答疑解惑。谈到加入答疑坊的动机，刘通说：“其实我本科入学的时候就听说过这个团队，身边也有同学推荐我加入这里，但大一的时候我担心自己学艺不精而误导其他同学，所以考虑再三以后决定大二再加入。”加入答疑坊的第一学期，刘通凭借自己的专业知识和耐心细致的讲解，累计服务 101 人次，是团队中最

为积极的新志愿者。

“初入大学,学习和生活节奏与中学完全两样,同学们总会有这样或者那样的不适应。答疑坊这个组织切合同学们的现实需求,而我作为一个‘过来人’,我也想把自己的学习经验和方法分享给低年级的同学们,让大家少走弯路。与此同时,我作为数学系的同学,给同学们解答问题也是夯实自己基础的过程,这有利于后续的专业课程学习。”

刘通(前排左一)正在为同学答疑

出任队长: 位置越高, 责任越重

随着很多老志愿者们陆续离开,整个答疑坊团队有些“青黄不接”。与此同时,六教附近施工,地形复杂,大家很容易迷路,多种因素导致同学们来访答疑坊的意愿明显下降。2017 年 12 月,刘通被答疑坊团队任命为队长,在一线答疑的同时,也要为整个团队的答疑服务做总体协调。“作为队长,虽然在整个志愿者团队里面位置最高,但我的担子也是最重的。2017 年春季学期,答疑坊的来访量同比下滑明显,秋季学期又有很多老志愿者离开,我不能看着这个组织衰落下去。我觉得不排除还有很多同学不知道答疑坊,因此我们要致力于扩大答疑坊的影响力。”刘通在一次队委会上这样分析当时答疑坊面临的处境。

为扭转来访量下降的趋势，刘通和其他志愿者们共同研究了方案。一方面，发动辅导员、高年级同学面向各院系宣传，鼓励大家有问题来答疑坊寻求帮助；另一方面，加强与身边低年级同学的交流，通过志愿者和同学们的双向反馈，挖掘同学们的切实需求，不断提升答疑坊团队的服务水平。

在刘通等志愿者们的共同努力下，答疑坊在同学们当中的影响力有了质的飞跃。以前有时志愿者值班一晚，一个来访的都没有，而这样的尴尬场面如今已彻底消失。每到考前高峰期，同学们来答疑甚至还要排队等位。到 2019 年刘通卸任队长时，答疑坊当年的总来访数达到 3 703 人次，已经提升到 2017 年的约 2.5 倍，答疑坊的服务在同学们当中有口皆碑。2020 年，为了适应同学们日益增长的答疑需求，答疑坊的线下服务更是搬到了规模比原来大一倍的新教室。

人头攒动的线下答疑坊现场

2018 年秋季学期，在答疑坊志愿者招新时，水利系 2017 级的肖民昊同学赫然在列，而一年前的他，还是答疑坊的“忠实客户”，对微积分和线性代数这两门数学基础课十分困惑。看到肖民昊加入答疑坊团队,刘通感到非常欣慰:“一方面,这说明答疑坊的服务很有效果,成功地扫除了同学们的疑惑;另一方面,看到曾经来提问的同学成为志愿者,为更低年级的学弟学妹们服务,也反映了答疑坊在同学们当中的影响力正在扩大。”

从线下到线上:变的只是场所,不变的是服务

2020年,一场突如其来的新冠肺炎疫情彻底打乱了同学们的学习和生活节奏。2月初,清华做出“延期开学、如期开课”的决定,答疑坊运营团队了解到同学们对在线答疑的需求,立即制定了线上答疑的执行方案。2月10日,答疑坊运营团队开始动员志愿者参与线上答疑。当天就有包括刘通在内的58名志愿者积极响应,投入到线上答疑的工作中。

正式开课以后,来线上答疑的同学日渐增多,凭借志愿者们专业、细致、个性化的服务,答疑坊在全校师生的心中迅速树立了良好的口碑。线性代数课程授课教师、数学系助理教授杨一龙还专门向答疑坊辅导员了解了线上答疑开展情况,并向授课班级的同学们进行了宣传。3月10日,答疑坊在线上运行近一个月,清华新闻网发布了关于答疑坊的专题报道。3月17日下午进行的清华大学在线教学阶段性总结交流会上,彭刚副校长也点名表扬了疫情期间答疑坊的工作。

“一方面,线下有固定的时间地点,六教22:30就会关门,而线上的时间非常灵活,大家提问十分活跃,有时候我甚至会处理同学们的问题到后半夜。另一方面,比起在学校,同学们在家学习面临的困难更多,这样他们带来的问题可能也会更棘手。”针对线上答疑,刘通提出了这样的看法:“线上学习,同学们的压力远大于线下,因此我们要面向同学们提供精细化、个性化的服务,点对点解决同学们的困难。”

期末考前的几天,同学们的答疑需求激增,其他志愿者们也要

清華大學 Tsinghua University | 新闻 NEWS

首页 头条新闻 综合新闻 专题新闻 要闻聚焦 媒体清华 图说清华 视频空间 清华

首页 - 专题新闻 - 融合式教学进行时 - 内容

在线解答同学疑惑 远程助力同学发展

学生学习与发展指导中心线上“答疑坊”为在线学习保驾护航

1076

分享

为贯彻学校“延期开学、如期开课”的重要精神，清华大学学生学习与发展指导中心将保障同学们在家顺利开展学习科研作为首要任务，充分发挥自身优势，调集骨干力量，第一时间利用微信群开展线上答疑服务。服务开展近一个月，线上“答疑坊”累计接待557人次学生答疑，满意度达99.6%。在此过程中，“答疑坊”运营团队与志愿者团队通力合作，总结出一套完善的线上服务方案，用实际行动为同学们扫除学习障碍，助力学业发展。

清华大学官方新闻网站对答疑坊的专题报道

准备自己的考试，答疑业务一度供不应求。而刘通那时候恰好没什么考试压力，因此决定主动开放个人的在线会议室，供大家在线提问。仅仅校历最后一周，就有 71 名同学来找刘通线上答疑，而全学期刘通累计服务达 710 人次。一名精仪系 2019 级同学在反馈中这样评价刘通：“他真的强，解题的方法很简单也很清楚，简直是一切数学课的拯救者。”

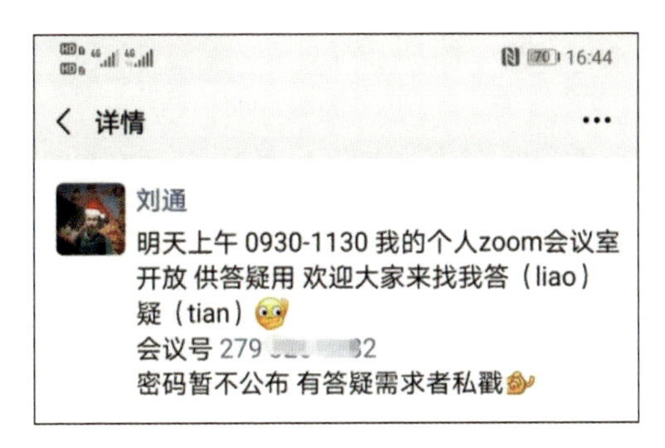

2020 年 6 月 5 日（春季学期第 16 周周五），刘通在朋友圈发布供答疑用的在线会议号

刘通在线上答疑群为同学们服务

强基计划：新方案，新挑战

2020 年秋季学期，全校如期返校复课，刘通在自己学习科研之外的空余时间，继续在答疑坊为同学们提供服务。"强基计划"启动，致理书院、行健书院使用全新的培养方案，数学课程难度较以往大幅提升，"数学分析""高等代数"等课程与数学系保持一致，而答疑坊这方面的服务资源却略微匮乏。作为数学系博士生的刘通积极响应，与其他志愿者们一起迎难而上，充分发挥自己的专业优势，面向这两个书院开展专场答疑。2020 年秋季学期前 8 周，刘通累计答疑"数学分析""高等代数"等高难度数学课程 98 人次。

刘通(左二)为行健书院的同学提供数学
分析课程的专场答疑

得益于线上线下融合式答疑的开展,2020 年秋季学期前 12 周,答疑坊的总接待量已经突破一万人次大关。巨大的答疑需求,也给答疑坊志愿者们带来了全新的挑战。关于同学们提出的问题,刘通这样分析:“同学们刚接触‘微积分’‘线性代数’这样的课程,很多东西过于抽象,大家普遍不太熟悉。从本学期线上答疑情况来看,虽然我们的接待量很庞大,但同学们的提问有时会显示出一定的系统性和同质性。因此,我会不定期选择一些典型的题目贴到我的朋友圈,供同学们学习参考的同时,也能够提升线上答疑的效率。”

对于接下来答疑坊可能面对的压力,刘通也做出了预判。“只要大家有需求,我们的业务范围就要努力跟进。例如,2021 年春季学期,部分书院的同学会开始学习基础物理课程,相关的答疑需求会显著增加,期待有更多同学来加盟答疑坊志愿团队,帮助同学们渡过学业难关。”

刘通在朋友圈发布广义积分的典型例题

米禄:“百脸”人生的征程

文　刘诗雨 傅泓源

• 米禄　清华大学社科学院2018级博士生

米禄,社科学院比较政治系博士生,塔吉克斯坦国际生,曾在2020年新年晚会上表演中国传统艺术川剧变脸。当我们跨越三个小时的时差联系米禄时,他正坐在一家咖啡厅里休息,回忆起那对他而言特殊的一晚,米禄幸福地笑了。

米禄(一)

“哇!”

舞台下的观众们惊叫出声,睁大眼睛紧紧地盯着台上,好奇为何刚刚明明还是红脸黑目一脸正义的关公,随着那人手一抹,瞬间就变成了燕颔虎须、豹头环眼的刚直张飞,还没想清这一点,脸谱就又变了。

在音乐达到高潮时刻,最后一张“脸谱”显露了庐山真面目。

米禄（右）在新年晚会上（一）

高挺的鼻梁，深邃的眼眸，丰厚的嘴唇，一切都彰显着异域的风情，和传统中温和白净的川剧大师“背道而驰”。观众们诧异于这突如其来的惊喜，都怔住了。

2019 年是米禄来到中国的第 14 年。在这一年的最后一晚，米禄将川剧变脸带上了清华大学新年晚会的舞台。他以国际学生的身份完美地展示了中国传统文化，给在场观众留下了一份难忘的跨年夜回忆。

同中国相遇

表演结束，追光亮起，主持人上台与米禄进行互动，他用流利的中文跟大家打招呼：“我叫米禄，来自塔吉克斯坦，这是我第一次在清华跨年舞台上进行演出，我很开心。”

塔吉克斯坦首都杜尚别距离北京大约 4 000 公里，一班飞机的航行时间大约为 5 个半小时，而米禄与中国文化的距离，却只有一件 T 恤。

2004 年高中毕业的米禄从自己家乡小镇考入首都杜尚别的一所大学。米禄的表哥当时在无锡大学学习汉语，放暑假时回到了塔吉克斯坦。

一见到表哥，米禄惊讶地发现，他穿了一件写满了汉字的T恤。对当时的米禄来讲，优美的汉字就像是独特的花形图案，散发着神秘而诱人的魅力。

“再加上他和他的中国女友在电话里讲着中文，我就觉得讲中文特别的酷。”米禄笑着补充。

米禄的母语是波斯语，是世界上现存的最为古老的语言之一。波斯母语民族第一次见到中文，可以追溯到汉武帝时期张骞出使西域。

张骞出使西域，开辟了丝绸之路，也开启了中塔两国民众交往的历史。丝绸之路上，波斯语的吆喝混杂着汉语的交谈。

也许17年前，当波斯语和汉语交织在米禄脑海中的时候，两种古老文明的激荡与活力，冥冥之中就吸引了这个年轻人。

米禄认为，中国是塔吉克斯坦的邻居，又是一个世界大国，两国的合作一直促进着双方的发展，如果年轻人不了解中国，那么怎么能抓住两国未来发展合作的机会呢？

“前往中国留学，不仅为自己，也为促进两国共通。”

下定决心之后，米禄决定先在俄罗斯-塔吉克（斯拉夫）大学进行两年的中文学习，有了一定的语言基础后，再前往中国进行求学之旅。

在学习汉语之前，除了波斯语，他还能熟练运用英语和俄语。然而，语言的天赋在中文学习面前“败下阵来”。米禄回忆起当初的学习经历，苦笑着皱了皱眉。

中文与波斯语、英语、俄语这类拼音文字语言不同，它是由一个个独立的汉字所组成的，每个汉字的读音和写法之间几乎没有任何联系，学习量因而陡增。米禄坦言，当初花形图案的“魔力”，在学习读音和字形的时候变成了“魔鬼”。

热爱终能战胜一切困难，米禄顺利地完成了两年的中文学习。2006年，这位塔吉克斯坦的小伙“飞”到了北京，在北京语言大学学习中文，此后又先后前往北京大学国际关系学院和清华大学攻读硕士和博士学位。

米禄(二)

“当灿烂的太阳跳出了东海的碧波,帕米尔高原上依然是群星闪烁。”在幅员辽阔的中国大地,帕米尔高原对许多人来说都太过遥远;而在塔吉克斯坦,国徽上印刻的正是旭日初升于帕米尔高原的情景。

米禄用自己的脚步和意志打破地理的疆界,想要让这轮旭日在北京和杜尚别共同升起。

同变脸相知

米禄在来到中国之前,一直坚定地认为“中国人都会功夫”。来到北京后,发现事实并不如他想象的那样,“当时还有些失望”。米禄笑了笑。

在大学本科期间,米禄参加了学校的中外艺术团。在艺术团前往墨西哥的一次国际交流演出中,来自中国的一位川剧变脸大师的表演震撼了米禄。千变万化的脸谱,正如当初花纹百变的汉字一般,瞬间“俘获”了他。

学习川剧变脸的过程并非一帆风顺,米禄在拜师之初便遭到了拒绝。

川剧变脸不仅仅是神情各异、活灵活现的脸谱,它还代表着中华传统文化的深厚底蕴。想要学好变脸，首先得理解中国文化，师傅对米禄说："这对外国人来说太困难了。"

过了整整一年，米禄对川剧变脸的热情有增无减。在回到北京后，米禄无数次同师傅交流，向师傅表达其想学习变脸的强烈意愿与决心，也向师傅讲述了他与中文的渊源和愿意付出的努力。

师傅最终被米禄的决心和对中国文化的喜爱打动，认为通过外国面孔来传递中国文化，是一种新鲜的尝试，最终决定收米禄为徒。

米禄表演川剧变脸

完成"变"这一动作的方法很多，但米禄选择比较复杂的一种——"扯脸"。他需要事先将脸谱画在一张张绸子上并裁剪好，再在每张脸谱上系上一把丝线，一张一张贴在脸上。

丝线的另一端系在衣服的某一个隐蔽的地方，随着音乐的进展，在舞蹈动作的掩护下，一张一张地将脸谱扯下来。

"扯脸"讲究时间的把控，以及动作的利落。米禄从下拉的动作开始，不停模拟练习，寻找拉扯丝线的感觉。稍微熟悉一点后，他便开始尝试着加上服饰道具，配合着音乐节奏练习。而这也正是整个川剧变脸中最难的一步。

米禄首先需要理解川剧音乐的含义，知道在每一个时间点该做出怎样的反应,搭配什么样的脸谱。黑脸的凶煞、红脸的恼怒、白脸的笑眼,都需与音乐相匹配。

2021 年,米禄即将从清华博士毕业,也是一个两岁孩子的父亲。谈到以后的打算,米禄表示,作为一名父亲,他身上有着比以往更重的家庭责任,用于变脸演出的时间会有所减少,但会将变脸作为爱好和中国文化的载体在塔吉克斯坦传播下去。

米禄在新年晚会上(二)

同新年晚会相逢

2019 年 12 月 31 日,米禄将川剧变脸带上了“新新廿廿”新年晚会的舞台。关于筹备该节目的契机,米禄说:“当时我在一个留学生的群里看到了新年晚会直通车的招募信息,就报名了这个川剧变脸的节目。”

负责米禄节目的刘诗雨表示,米禄的表演精彩度完全超出了她的预期。她回忆起第一次线下观看米禄表演的情景,仍十分激动。

一开始收到报名申请书时,新年晚会节目组就对米禄充满着好奇,“塔吉克斯坦”“变脸”“戏法”这些关键词显得如此矛盾又迷

米禄在新年晚会上(三)

人。为了进行节目的审核,刘诗雨与米禄进行了线下的第一次碰面。

在米禄顺利且从容地表演完戏法后,刘诗雨迟迟没有缓过神来,“看外国人表演中国戏法真的太令人惊讶了!”她惊讶于米禄娴熟的技艺和大方自信的台风。

米禄(右)在新年晚会上(四)

因为变脸节目的独特性,米禄无法现场展示,不过他向刘诗雨分享了自己表演的视频。此时的刘诗雨已对米禄的舞台表现充满了信心,“一定不会让观众失望”。

最终节目组选定了米禄的川剧变脸节目作为晚会的正式演出节目。

在几个月的节目筹备过程中,为了给观众带来最佳的节目呈现,米禄与新年晚会的工作人员一起努力,在感受到强烈的责任感的同时,他对晚会也充满期待。

准备期间,米禄发现一个节目的筹备流程远比他想象的复杂,也充满着许多“意料之外”。然而当他回忆起那些细节时,米禄笑着说:“我们总能化险为夷。”

确定彩排时间时,米禄发现自己的实习工作时间与原定晚会彩排时间冲突了。他第一时间联系了刘诗雨,工作人员和米禄随即在微信联系群里商讨合适的解决方案。最终,通过及时调整彩排时间和延长场地用时,工作人员为米禄争取到了最晚的彩排时间。

当米禄到达现场进行彩排时,刘诗雨回忆道,因为变脸脸谱的特殊性,米禄无法带妆彩排,因此他仅彩排了节目的走台形式与互动环节等。

与此同时,刘诗雨也进一步了解到米禄表演需要额外的服装穿戴时间,脸谱只能在表演前 10 分钟内戴上,否则可能会影响节目演出效果。

在面临这些特殊情况时,新年晚会节目组成员并没有手足无措,相反他们有条不紊地迅速应对,为米禄争取了一个单独的更衣空间,也对米禄表达了对他节目的期待与信心。这使得米禄十分感动:“我可以放心将一切交给他们,专心表演。”

2020 年新年晚会,米禄的爱人和孩子都来到了晚会现场,和清华师生们一起度过了一个难忘的跨年之夜。在米禄下台互动的环节里,许多前排的小观众都争着抢着与他握手,整个场地里充满着欢声笑语。这正是新年晚会的魅力所在,相聚一堂,共度一夜,众生皆乐,众生皆喜。

米禄和观众进行互动

在清华，新年晚会不仅仅承载了师生们对新年的期盼，更是一个中外文化交流的宝贵平台。谈及对新年晚会的印象，米禄说："这个舞台包容性特别强，有传统的中国文化，也展示了世界各国学生的风采。"

对于 2021 年新年晚会，米禄充满了期待："希望在今年的新年晚会中看到更多由国际学生展现的中国文化，具有文化融合特点的节目会有很强的吸引力。"

在采访的最后，米禄用自己的母语——波斯语，为清华的师生以及新年晚会送上的自己的祝福：

"سال نو میلادی برای دانشجویان چینی و خارجی مبارک باد!

(祝中外学生元旦快乐！)"

宋逸寒：且行且思且关情

文　唐誉轩 杨士祺 曹琪

• 宋逸寒　清华大学经管学院 2017 级本科生

宋逸寒，经济与金融专业经 73 班，曾任班级团支书、经管学院团委实践组组长、经管学院团委副书记，大三一年于加州大学伯克利分校交换学习，毕业后将前往明尼苏达卡尔森商学院攻读会计博士学位。

宋逸寒

在宋逸寒的娓娓道来中，时间仿佛回到了四年前那个夏日的午后。她的每一段经历如同一幕幕电影在眼前切换流转：从初入清华园的迷茫无措，到哲学课上的惊鸿一瞥，从山川城市间触及真实世界的脉搏，到学习助研时明晰学术研究的方向，四年的时间不经意间溜走，但她且行且思，一路矢志向前。

遇见通识，在生活中思考哲学

“通识课程是我来到经管最大的惊喜，尤其是第一个学期吴增定老师的‘西方文明’，为我打开了一个全新世界的大门。”在被问及大学四年什么课留下的印象最深时，宋逸寒如是说道。

回忆起在学习这门课程之前，宋逸寒对西方哲学知之甚少，在看到课程大纲的瞬间，她表示自己直接“傻了”，从来没有想到有一天会接触到如此多的西方经典，“我甚至在一瞬间觉得自己就是个文盲”。然而，她却选择用“神奇”一词形容那段经历，看完了两卷本的《伯罗奔尼撒战争史》，梳理清楚了《理想国》和《论人类不平等的起源与基础》的论证逻辑，最后在期末考试的考场上花了一个多小时的时间论述自己为什么反对卢梭的平等观。“我第一次深刻理解了什么叫‘当人类的群星闪耀’，伟大的思想在历史的长河中，是那样熠熠生辉。”

“西方文明”课程上对于哲学的惊鸿一瞥给初入大学校园的宋逸寒带来了深远的影响。一方面，它将宋逸寒从最初陷入的焦虑和迷茫中拯救出来。“每当我不知道自己究竟将来应该去做什么、自己的价值在哪里、自己现在做的事情有什么意义的时候，就会安慰自己，你看，人的价值和意义本身就是一个多么复杂的话题，不然也不会在哲学中被讨论了上千年，所以自己想不明白简直太正常了。”宋逸寒笑着和我们分享。正是这些阅读让宋逸寒逐渐明白，纠结与迷茫是人生的常态，对于每个人如此，放在更加宏大的历史长河中亦如是。

另一方面，“西方文明”为她打开了一个抽象世界的大门。对哲学的短暂涉猎让现实生活中奔波忙碌于学习、社工和社团活动的宋逸寒养成了一种超脱的思考习惯——习惯性地跳出去重新审视生活。“作为经管学院的同学,我们理解效用函数,熟悉成本收益分析,知道怎样去最好地达成目标,这本身可以被称为工具合理性。”宋逸寒话锋一转,“但抽象的思考会提醒我反思,我行动的目标本身究竟是什么?这个目的真的有意义吗?我认为这是对我们目的合理性的必要审视。”

宋逸寒随新闻学院“大篷车”课堂前往蒙古国

“西方文明”之后,宋逸寒对哲学思想的兴趣又延续到了她法学双学位的学习中。“抛开一些具体的技术性问题,法律在一定程度上就是哲学思想在现实中的映射。”她用债法为我们举例,在面对合同违约时,英美法与德国法表现出的不同倾向恰恰体现了这一点。“英国的处理方法本身就很有边沁功利主义的味道,而德国的处理方式则很‘康德’,相对于英国人强调用财富赔偿来弥补利益损失,德国人更强调合同的行为本身。”宋逸寒进一步说:“甚至大陆法和普通法也是这样,英国的判例法有很强的实用主义色彩,就像是目的论;而大陆法的法条就像是具体化的道德律令一样,很有义务论色彩。”对于宋逸寒来说,法学和经济学都是绝妙的思想框架,虽然二者解构真实世界的角度和方法有很大区别,但这种区别并不影响她从其中体会到超乎寻常的美感。

“通识教育的意义本身是一个复杂的命题,今天的我也很难回答。但有一个超出日常生活琐碎的思想田园可以放飞自我,在经济学以外可以了解其他知识体系背后的奥秘,多角度地审视世界,感受不同时空中思维之间的碰撞,本身就是生命中一种极度的美好。”宋逸寒说。

走向学术,在探索中明确方向

“在去伯克利交换之前,我从来没想过自己会选择学术这条道路。”

大二的一年时间,宋逸寒都选择在加州大学伯克利分校度过。卸下了社工的责任,结束了实习的繁忙,学习和研究成了她那段日子的主旋律。谈到那段日子,宋逸寒这样概括:“那是一段很有趣的日子。离喧嚣很远,离生活很近。”

相对于清华,伯克利较小的课程压力给了宋逸寒很多出门探索的机会,让她能在形形色色的城市或是山川中触及生活的脉搏。在学校因停电被迫停课的第二天,宋逸寒就买机票直奔西雅图参观波音公司的飞机工厂;在圣塔芭芭拉的周日上午,她像当地人一样品尝叫不上名字的墨西哥式早餐;在萨克拉门托河边,她捧着一盒薯条和一杯可乐,等待日落时分晚霞染红城市的天际线;她在圣地亚哥海洋公园成为当天“激流勇进”唯一的游客,在缓慢攀升后急速下落的瞬间萌发了对人生更深的理解。“当我一个人坐在‘激流勇进’船上的时候,我忽然觉得天地之间都只有我一个人,上去的时候极度恐惧,不知道自己要面对什么,冲下来之后突然笑出了眼泪,因为走过了才意识到也不过如此。我忽然觉得这就是人生,要一个人面对太多的挑战,但没什么是过不去的,我们生来就无坚不摧、无所畏惧。”

回到学校,伯克利也给了宋逸寒充足的时间感受学术研究,她不仅深度参与到了助研工作中,也开始尝试探索自己的研究题目。在比较经济学课上,老师要求每个同学结课时独立完成一个相关

在美国圣地亚哥野生动物园

研究,这对之前在学术方面积累甚少的宋逸寒而言无疑是巨大的挑战,却也正是她爱上研究的开始。宋逸寒至今还对自己确定下题目的那天念念不忘:“当时我整理了自己看过的所有相关文献后,去和老师探讨能在自己感兴趣的主题方面做些什么。最后定下题目之后刚好到吃饭时间,在走向食堂的路上我激动得不知道要怎么样好,基本上是连蹦带跳到了食堂。”在那一刻,宋逸寒体会到,世界上有许许多多有意思的问题,虽然它们看上去很难理解或判断,但通过各种“蛛丝马迹”揭开这些问题神秘的面纱、讲述一个属于自己的故事,可以让她从心底里获得极大的幸福感;也就是在那一刻,她清醒地认识到,未来将在学术研究中开拓一片属于自己的天地。

2020年上半年,在美国的宋逸寒受到了疫情的影响,被“封锁”在家,但她选择用另一个角度看待生活中的困扰。宋逸寒认为这是自己最为专注的一个学期,能够将自己的时间完整地投入学习和研究之中。没有其他事情干扰,专心地投入自己想做的事情之中,每天自己做饭作为放松,和朋友还开了Zoom会议室远程连线一起自习。“如果生活也是个人,我会觉得这一刻她真的洗尽铅华,平淡却也真实。”

同行时代，在实践中认识社会

“我始终相信实践对于同学们的价值。”面对大一、大二为什么在经管团委实践组工作这一问题时，宋逸骞斩钉截铁地回答道。

大一寒假前往山东菏泽，大一暑假前往甘肃庆阳，大二寒假前往湖南湘西，每一次实践对于宋逸骞来说都是一次巨大的成长。实践固然是辛苦的——在菏泽实践时和当地基层干部的座谈会上，应该说什么、要提出什么样的问题对支队来说是很大的挑战，为此大家基本上每天都要讨论到深夜；在湘西时因为当地扶贫办临时找不到车，大家只能一起走着进村。尽管非常辛苦，但是宋逸骞依然珍惜并感谢每一次实践的机会，无论是在菏泽乡村“扶贫车间”里为假发制作清理原材料的老奶奶们，还是在庆阳黄土高原上带领村民种植板蓝根致富的带头人，抑或是在湘西山区希望为脱贫做一份贡献的青年志愿者，都给她留下了深刻的印象。“是他们教育了我，让我更加深刻地认识了脚下的这片土地。”

大一时在山东菏泽实践时参加座谈会（中间为宋逸骞）

同样，宋逸骞也希望尽自己所能，让更多的同学有机会加深对国家和社会的了解。大四时,作为经管学院团委副书记,宋逸寒努力让“经彩计划”和“菁优计划”的同学都参与一次有调研性质的微实践。“我希望大家都能了解真实的社会是什么样子的。”同时,她也推动了团委记者团与经济系的首次合作,让同学们去采访一些优秀教师和杰出校友。“每次听到大家说采访后很有收获我都特别高兴,很多老师也真的用自己的一生把论文写在了祖国的大地上。”

大四这一年中,宋逸寒还担任了“经济学原理”课程的小课助教。每节讨论课上,她都会尽量以同学们对案例中事件的亲身经历或是了解作为整堂课的切入点。“我特别希望传达给大家的是,案例不仅仅是我们讨论的一个话题,更是这个时代真实发生过的事情。‘指点江山,激扬文字’之前的,一定是无数人真实的生活。”宋逸寒希望,小课对于时事案例的讨论,能真正成为同学们关心社会的开始。

“我们常说要和时代同行。但在此之前,我们要先了解这个时代。我觉得只有当我们能做到真正理解时代中每一个人不同的选

2021 年经管团委记者团合影(后排左二为宋逸寒)

择，理解他们的每一点喜怒哀乐的时候，我们才有资格说在和这个时代同行。”

最后，宋逸寒用“真实”二字寄语学弟学妹：“希望我们都能做一个真实的人，找到自己真实所爱而非被群体裹挟，磨炼自己的真功夫而不是沉迷于夸夸其谈，悦纳自己真实的不完美而非一味追求十项全能。活得真实，就已经足够精彩。”

于盛：在清华，我用音乐写日记

文　于盛

- 于盛　清华大学土木建管系2018级研究生

于盛

作为一名校园原创歌手，于盛用细腻的笔触记录清华故事，表达青年一代的见闻与思考。其在校期间担任作词、作曲、演唱，创作了包括《白衣城墙》《云的那端》《站台钟声》《听到音乐请回答》《少年游》《学堂往事》《三人间》《人生旅舍》在内的20余首音乐作品。其音乐风格多样，涵盖民谣、摇滚、流行、国风、电子；作品题材丰富，在全国齐心抗疫期间，在学校110周年校庆、毕业季等时刻，在艺术团演出、校歌赛和学生节中都多次创作主题歌曲，深获校内师生喜爱，也在社会上取得了良好反响，展现出清华学子不竭的原创力量和积极的文艺风貌，获得《人民日报》、新华社、共青团中央、学习强国、央视新闻等媒体报道，相关作品网络播放量破千万，部分歌曲及采访在中央电视台播出，曾获哔哩哔哩 MV 原创榜第一名。

生活不是单行道的比赛

于盛的创作经历始于《老楼的歌》。当时还在南区老 1 号楼艺术团集中班居住的他，在老楼天台写下“风霜雨雪的天气更让人怀念，投入你怀抱所取暖的体验”。

老楼翻修，于盛（左二）与艺术团的同学们在
天台再次合唱《老楼的歌》

在专辑《人生旅舍》的 9 首单曲中，于盛记录了 20 世纪 90 年代的县城生活、青海的塔尔寺之行、老友相聚的漫长午后、金庸笔下的人物自传、幻想之中的海上列车……这些灵感均来自其丰富的个人经历与生活中的情感点滴。于盛始终认为生活不一定只有单行的赛道，即使在“内卷”这个话题如此火热的今天。曾经常常在鼓楼脚下支一个话筒，对着车流与行人歌唱的他，始终认为生活中有更多的美好等待发现。

于盛在2020新年晚会演唱《人生旅舍》

坚持原创，致力于校园文艺发展

于盛的主题创作，不可谓不丰富。清华大学108周年校庆期间，于盛创作了《学堂往事》，“四月的学堂，老牌楼在夕阳下温暖了时间”记录下清华园的风景与往事，该歌曲当日便冲上哔哩哔哩原创MV榜首。为表达对父母养育之情的感恩，于盛创作了《三人间》，“从小住宿三人间，一个舍友叫爸爸，一个舍友叫妈妈”“戒尺打手心，我都不再害怕，只怕谁又多了白头发”获得众多学生家长的共鸣。清华大学109周年校庆歌曲《云的那端》也由于盛创作，“云的那端是你吗？冬雪已融化”寄托了“佳期当可许，托思望云端”的美好期愿。2020年，于盛在毕业主题歌曲《站台钟声》中写下“来不及说告别的夏天，多少没有说完的话”，记录匆忙的离别。于盛也为清华大学校歌赛30周年创作了主题曲《听到音乐请回答》，“生活不是单行道的比赛，我在时光里为你等待”，并邀请历届校歌赛冠军共同演唱，为校歌赛留下了珍贵记忆。在谈及自己的创作初心时，写了众多主题曲的于盛说道：“音乐不一定只是困在自己的小世界里，如果能够唱出多数人的心声，我觉得这很有意义。”

在音乐作品之外，于盛热心参加校园内外的各项文艺活动，致力于校园音乐文化的发展，从清华/北大新年晚会、毕业晚会、校庆

于盛（左）与潘超在教师晚会上合唱《云的那端》

活动，到“一二·九”合唱比赛（负责唢呐、打击乐）、艺术团新年音乐会/60周年团庆晚会，再到“良师益友”教师晚会、公寓职工联欢晚会等，每一个有校园音乐的地方，都有于盛的身影。每一次登台演出，于盛都全身心投入，无论是演唱歌曲，还是与艺术团民乐队合作呈现《阳关三叠》《莫愁》等作品，抑或以阿卡贝拉形式重新演绎《少年游》，于盛始终不懈地推动舞台形式的融合与创新。此外，于盛在清华大学学生会“音乐梦想计划”中担任创作指导，多次参与小型座谈沙龙，与同学共同交流；在校外嘉宾“房东的猫”座谈会上作为唱作人代表进行创作交流。

于盛（左二）作为创作代表与“房东的猫”交流座谈

在文艺社会工作方面，于盛也不遗余力地贡献者自己的力量，他曾担任艺术团民乐队 2016 级队长、艺术团团部团工委 2017 级项目部副书记、吉他协会副会长，也曾在清华大学话剧《马兰花开》中负责音台控制、演员协调、景片制作等。

为当下时代创作

早在 2018 年本科毕业之时，于盛就创作了《少年游》。“曾以为青春难偷；望不够，水清木华都在你眼眸……风雨兼程过山丘；上层楼，相见繁华锦绣；愿心中宇宙，相融纷繁气候”，对于毕业，他不仅写出离别情，也写出作为清华学子对未来的期许与展望。当日歌曲进入微博热搜前五，人民网评“不止离别，更讲担当”，后来《少年游》也获得中宣部文艺局评第二批“新时代”优秀原创校园歌曲第一名。

于盛创作《白衣城墙》，记录 11 所高校学子为抗疫加油

在 2020 年疫情肆虐期间，于盛创作《白衣城墙》，邀请首都 11 所高校学子共同演唱，“洁白的城墙，守护着希望……白色衣衫共筑生命的城墙”，用歌声致敬医护人员。《白衣城墙》也被中国教育电视台评为“全国校园抗击疫情主题 MV”，并作为唯一的大学生抗

疫合唱登上央视新闻直播，于全国各省市网课课间播放，发挥了重要的教育意义。“音乐的生命是从时代脉搏中涌动出的，我很幸运能够用音乐的方式记录身边的一切。”

时至今日，即使已经毕业离开清华，这本音乐日记，于盛还在不断写着。

CHAPTER

03

第三章

行 健 不 息

曹玉立：生命的意义在于连接而不在于自我

文　赵越

• 曹玉立　清华大学能动系 2018 级博士生

2014 年至今，曹玉立在园子里学习生活了 7 年，过往的时光足够漫长、厚重，在不同的时光段落里，留下了不一样的回忆与印记。

曹玉立

第一种时光:见证彼此的成长

“说实话,我的本科班级是清华园里一个最普通的班级。但是,我永远为它、为他们而骄傲。”

曹玉立记得,大一新生篮球赛女生上场投篮可以加分,而能动43班只有5个女生。于是她们几个从未打过篮球的“小白”就在休息时找男生们临时抱佛脚,学习怎么投篮。篮球赛时硬着头皮上了场,“虽然投篮没进几个,但是男生们的欢呼和鼓励让我们感觉自己很厉害。后来我们班每场篮球赛班级同学都会去现场加油,大四时我们班还获得了系联赛冠军。无论是男生们的篮球梦、班委突发奇想的趣味运动会还是我的支教想法,大家想做的每一件事都会得到同学们的支持和响应,就好像你勇敢地向前飞,永远有集体在背后相伴”。

曹玉立大一时担任了能动43班的团支书,为班级创立了一个公众号,设置了很多的专题推送专栏,包括同学的生日推送、班级活动推送、能源动力资讯甚至电影书籍推荐。这些栏目不只是由班级宣传委员编写,也向班级同学约稿,大家一起把这个公众号打造成了一个很活跃的平台。“在能动43班,每一位同学都是被在乎和关心的,班级给几乎每一位同学都专门写了生日推送。我们现在还经常回去翻翻班级的公众号,看看我们一起从青春稚嫩一步步成长的过程,回味一下彼此最美的时光。”

大三时专业课学习压力大,班里组建了学习小组,大家自觉分小组带动学习有困难的同学一起上课、集体自习,在考试周约研讨间一起复习,这个习惯一直延续到了大四毕业。能动43班的同学是多元发展的,不仅是班级为同学的个人发展提供了有力的支持,同学们也为班集体的发展尽心尽力,最终能动43班实现了共同成长、多点开花。曹玉立认为,能动43班就是清华班集体最普通也是最有爱的模样,没有非理性的内部竞争,也没有化不开的矛盾和误解，大家每个人都被集体包容支持着，共同度过了大学四年最美的时光。她说："能动 43 班就像我的一个家，我为我的每个兄弟姐妹骄傲，也希望我能成为他们的骄傲。"

曹玉立（右三）和能动 43 班的同学在一起

第二种时光：永远热爱、永远年轻

从班级到院系再到学校，从组织到宣传再到志愿，曹玉立认为自己在每一份社会工作经历中都收获了很大的成长，自己的能力得到了很大的锻炼。而熟悉她的人都知道，志愿对于她来说已经不仅仅是一份社会工作，从负责打工子弟学校支教的部员到清华大学红十字会学生分会会长，曹玉立的整个大学生活都是和红十字会一起度过的，即使卸任后，她也经常去做志愿者。

在曹玉立的朋友圈经常能看到她分享去献血的照片。"其实无偿献血最初对于我来说只是一项学生工作。作为一名社工骨干，我需要组织好学校的无偿献血工作，为清华师生提供一个好的公益活动平台，当时我认为无偿献血的意义就是帮助他人。"2017

年寒假，学校有一名大三的女生因患白血病紧急需要用血，然而血库血量不足，曹玉立和红十字会的同学们召集了近百名清华在校师生和爱心社会人士为同学献血，并且在学校建立了应急用血制度。“后来那位同学的妈妈对我说的一段话，改变了献血这件事在我生命中的意义。阿姨对我说：‘玉立，还有更多的人需要帮助，希望你们能坚持下去，让我女儿曾经收到的善意和爱传递给更多的人。’这是第一次，有一件事那么直接地让我感受到了生命的连接和互助，也是从那时开始，我意识到这种公益精神传递的意义不只在于帮助一个人，更是让生命之间产生温暖的连接。”

血液是生命最宝贵的馈赠，也是个体与个体之间最直接的连接方式。曹玉立说每次献完血她最期待的就是第二天收到血液中心的短信，通知血液合格、发往医院救助患者，这种成就感是无以言表的。这种成就感也一直伴随着她在红十字会的所有时光。

曹玉立在献血

在曹玉立担任清华学生红十字会会长时，清华大学在校友的帮助下引进了 300 余台 AED（自动体外除颤器），在学校里几乎所有的公共场所都布置了 AED，这在国内大学里尚属首例。然而有了救命神器，老师同学们不会用怎么办？“即便配备了 AED，由于公众知晓率低、急救知识普及率不高，救命神器也未必能及时派上用场。为了保障同学们的生命安全，我们要做好急救知识的科普。”于是曹玉立和红十字会急救部的同学开启了校园 AED 推进计划，开展了一系列的 AED 科普和培训活动。2019 年冬天，一名大二的同学在宿舍发生意外，正好同宿舍的同学刚刚接受了心肺复苏的培训，成功用 CPR（心肺复苏术）和 AED 将自己的同学从生死边缘拉了回来。

除了为学校的同学们提供急救培训、同伴教育、艾滋病防控宣传等活动，红十字会还组织了很多支教、无偿献血、造血干细胞入库的志愿活动。对于曹玉立来说，这里的每一位同学都是志同道合的战友，他们有着共同的信仰，有着同样的热情，他们一起为了建设一个更加“和谐、平等、健康”的校园环境，为了更广泛地传播“人道、博爱、奉献”的红十字精神不断地进行探索和努力。

曹玉立说：“我们有一个毕业的清华红十字会成员的群，群名叫作‘红会人永远年轻’。无论我们身在何处，从事什么工作，‘人道、博爱、奉献’的红十字精神我们永远都不会忘。我们将用自己的方式去关注公益，去弘扬红十字精神。”

清华大学红十字会大合照

第三种时光：在黑暗中触碰光明

2017 年暑假，清华大学红十字会和校团委共同成立了第一支无国界公益海外实践支队，赴柬埔寨调研艾滋病防控和国际参与，深入探讨“一带一路”背景下两国在全球健康与发展领域的合作战略与前景。在为期两周的时间里,他们参访了与艾滋病防治相关的包括大学、政府部门、国际组织、孤儿院、儿童医院在内的多个机构和组织,与很多一线的社会工作者、志愿者相关组织负责人甚至艾滋病高危人群和患者进行了座谈与交流。在调研中,支队成员深入探讨柬埔寨在艾滋病防治领域的现状与挑战,也形成了对全球人类命运共同体更加全面深刻的认知。

谈起那个夏天的经历,曹玉立说:“给我印象最深刻的就是那些孩子。在暹粒(柬埔寨暹粒省的省会)的街头有很多辍学的孩子在街上叫卖小商品,他们会说几句中文,嗓音沙哑地不停喊着‘姐姐,买一个吧’。”这些孩子的命运让曹玉立真切地感受到“公益无国界”的含义,感受到全球化背景下我辈推动世界和谐发展的责任——她开始深入思考青年人该去做些什么、该怎么做。

在支队成员参观儿童社区时,他们见到了一个简易的火化炉,那是为村子里因艾滋病去世的人或者穷人准备的。炉子一侧的小房间里有一整面墙挂满了小相框,每个相框下面都有名字和时间。“当时我很迷惑,不知道这是做什么用的。突然我身边的一个女孩指着其中的一张照片对我们说:‘这是我的妈妈。’然后扭头就跑掉了。”原来这些照片都是在这里火化过的人们,其中很多就是社区里孩子们的爸爸妈妈。现在曹玉立回忆起那个时刻依然会被孩子眼睛里清澈的忧伤所触动。因为社会对艾滋病人的偏见很严重,没有人愿意为他们处理后事,即使有幸活下来,这些孩子也无法获得和普通人一样的教育和成长机会。这件事对曹玉立的触动很大,这个世界上有太多孩子还在遭受不平等的待遇,有太多的人还在黑暗中挣扎,但是他们依旧信仰光明。“我们要做的就是分享我们的爱,传递光明。”曹玉立坚定地说。

实践支队在柬埔寨某儿童社区

第四种时光：坚持不变的传承

“513”和“913”是深深印刻在曹玉立心上的两个数字，在她看来，这两个数字代表了清华人勇于担当、无私奉献的精神，也是她时时刻刻提醒自己的座右铭。

2008年5月13日，汶川地震发生的第二天，清华红十字会临时组织了“真情流淌，血脉相通”的紧急献血专场，清华师生立即响应号召，在一天的时间里共计648人捐献了913单位的血液，贡献了北京血库支援汶川灾区近六分之一的血量。活动从2008年5月13日早上11点一直持续到次日凌晨1点，等待献血的清华人在C楼门前排起了百米长队。据当时献血的亲历者回忆：队伍里有人前一晚还在熬夜工作，当天就站在献血现场；有人即使曾经晕血，当天也勇敢地挽起了衣袖；有人本已走出校门，却在听到献血的消息后立即返校；有人连续等待6个小时，错过吃饭，却一步也没有离开过……他们，以清华人的姿态诠释着“大爱无声”。这是曹玉立加入红十字会后听到的第一个献血故事，时间过了十几年，这样的故事依旧在不断上演。

2018年5月12日,曹玉立和清华大学学生红十字会的同学们再次组织了“纪念汶川地震十周年”无偿献血专场,当时这场献血活动是2018年春季开学以来的第三场的献血活动。“我很担心一个半月的时间,三场献血活动,同学们还会踊跃参加吗?但是当天早上活动开始前,我来到C楼开始布置场地,惊讶地发现7点多的时候就陆续有同学来到现场排队了,等到8点半活动正式开始的时候等待献血的队伍已经排出了C楼。当时我仿佛穿越到了10年前,无论过了多久,这种奉献的精神始终在传承。”曹玉立回忆说,当时有很多党班团集体一起来献血,甚至还有学生党员在献血后主动报名志愿者再去服务其他的献血者。

奉献的价值不在于大小,而在于坚持先为别人考虑,坚持从一点一滴的小事中为有需要的人做力所能及的事情。曹玉立认为,作为一名学生党员,一方面我们要全心全意为人民服务,在集体中克己奉公、勇于担当、无私奉献;另一方面我们也要用自己的行动去温暖、感染别人,充分发挥党员的先进性,吸引更多的同学向党组织靠拢。

2008年5月13日紧急献血活动

回顾在清华的7年时光,曹玉立很感激学校提供的很多机会与平台，让她认识自己、认识中国、认识世界。她在不断地学习和实践中发现——生命的意义在于连接而不在于自我，在于成全而不在于超越。“清华的精神告诉我们要自强不息、厚德载物，教导我们要有一个宽厚的胸怀，我们在追求价值的过程中有时会局限于个人的得失，其实若能抽离一些，我们会发现个人的悲喜得失都是短暂的，清华的精神教会我们把心放在更宏大、更宽广的事业上。”

谈及最难忘的时光，曹玉立说：“我常常会回想起2017年夏天的一个夜晚，在柬埔寨颠簸的中巴车上，我和红十字会的同学打开手机的闪光灯唱着我们的会歌，窗外是柬埔寨郊外安静的小路，没有路灯没有村户，亮着的只有天上的星星和车里的我们。”

韩嫣：一场晚会的诞生，属于她的“心心念念”

文　邱朵兰

• 韩嫣　清华大学新闻与传播学院 2015 级本科生

暖黄色的舞台氛围灯照耀着清华大学综合体育馆内每一个角落。

“2020 年离现在还有一分多钟，”邱勇校长在舞台中央宣布，“清华免费网络流量，从 25G 到 50G！”观众席上的欢呼声和掌声掀起一波又一波紫色荧光棒的浪潮，汹涌起伏。

对于清华大学，这是属于 2019 年的最后一个好消息；对韩嫣来说，则是一颗定心丸。

“零点的时候我跪在地上”

站着，坐着，躺着，是大多数人跨年时的状态，而韩嫣是跪着跨年。

“我记得特别清楚，当时就跪着，看着手机上的自然时软件，旁边就是计时器，手里还拿着我的舞监表。到零点的时候我跪在地上，对着舞台就大喊——‘三，二，一，新年快乐’，整个身子都会跟着起伏的那种，和全场一起跟着喊倒计时。”

作为新年晚会的舞台总监，韩嫣从 2019 年 12 月 31 日的 23 点 51 分起就跪在上台口前面的空地上，等待着一整晚最重要时刻的到来。有人注意到了这一幕，拍下她跪立注视舞台的照片。

她没有在社交平台上发出这张照片，因为“给我拍的表情都特别凶”。她找出那张照片来看，与其说是“凶”，不如说是一种高度紧张与屏息期待的复杂混合。

台口工作人员视角下的 2020 年新年晚会

“喊完新年快乐以后我马上就哭出来了。回头一看，高天仪在我后面，也是一脸哭相地看着我，我们两个就抱在一起。但是还得忍着，因为零点之后还有别的环节。”高天仪是韩嫣的文体部同事兼好友，一直在新年晚会现场陪着她。

韩嫣又把那天晚上自己和小姐妹的合照放大：“看，眼睛里的泪光都还没有完全消下去。”照片上的她笑得很甜，泪光为她的表情增添了几分生动。

大一到大三的跨年夜，韩嫣都是在综合体育馆度过的，或是以直播摄像，或是以新年晚会观众的身份。大四那年，她才真正参与到新年晚会的筹备工作中来，负责节目联络组的工作。2019 年秋季学期，已经是研究生一年级的她，承担了晚会舞监的重要责任。

“作为舞监，在晚会现场，我最重要的任务就是控时，最害怕的就是踩不到零点。所以在 30 号晚上，我们彩排了各种各样的方案，从剩 7 分钟，到剩 5 分钟，再到剩 3 分钟、1 分钟、半分钟、20 秒，全部

2020年新年晚会上的韩嫣

试过,心里还是特别紧张。但这一次时间还蛮充裕的。当校长在说‘离2020年还有1分多钟的时间,你们就可以有50G的流量’,那时大家都在笑;而我听到校长在关注时间,觉得基本就稳了。”

控时这项任务,最终结果的呈现也许只在分秒之间,背后却凝结着新年晚会工作室的巨大努力与全员配合。尽管对所有可能性做了穷尽式的彩排,保证在任何状况下都有应对方案,韩嫣依然有自己的小小执着——希望按照最初设计的时间表走完整台晚会的流程。“我觉得我的强迫症还是蛮严重的,比较追求完美——取法其上,得乎其中;取法其中,得乎其下。”

“完美主义者”往往容易焦虑。新年晚会开始之前,照例是放映电影的环节。2020年选的片子是《中国机长》,放了一半大家还在陆陆续续进场,二层座位都还没有人,观众E区的后半场也空荡荡。

韩嫣对陪在身边的高天仪说:“如果晚会开始的时候还是只有这些观众的话,我可能会从晚会开始一直哭到《相亲相爱》(新年晚会结束曲)。”有玩笑的成分在里面,这也是韩嫣应对焦虑的方式:和朋友一起互相打趣,给自己放松的机会。

她的焦虑也被朋友们看在眼里——“整个人进入了一种非常高压紧绷的状态”。高天仪回忆道:“她是真的很工作狂,投入工作的程度比一般人高出很多,会一再压缩自己的个人生活,也会在很细节的地方钻牛角尖。”工作状态中的韩嫣常常对别人和她说话的声音充耳不闻,甚至和姐妹约好的事情都“鸽了好几次”。“弃姐妹情谊于不顾。”高天仪半开玩笑地埋怨着，但最后依然和她一起快乐，一起紧张，一起感动。

在韩嫣自己眼里，“焦虑才会带来不停改进的动力，我才会从这种焦虑的状态中获得一种安全感。焦虑的时候，我知道自己在把事情变得更好”。

2020 年“新新廿廿”新年晚会最终结束得很顺利，一切如她预期。“大家好，我是校团委文体部辅导员韩嫣，同时也是咱们新年晚会的舞监，期待能和大家一起跨年！”这是韩嫣那时候几乎条件反射性的自我介绍，也悄悄透露出她当时最大的心愿——办好新年晚会。

2020 年新年晚会工作人员合影

一整个学期心心念念的“新新廿廿”，终于给了她回响；迈入 2020 年的那一刻，心愿达成了。

在 315 的那些夜晚

冬夜的 C 楼，总有一扇窗户里亮着一盏灯。走进 C 楼 315 室，首先可以看到一张布质沙发，经常有人工作到疲倦时便瘫在上面小憩一会儿。沙发前的茶几上常常堆放着几种水果：百香果、芒果……这些都是校团委朱老师给大家带来的"补给"。

"但是我们都懒得剥，我们最喜欢吃的就是C楼卖的橘子、香蕉这种'容易'吃的。朱老师每次来看到我们没人吃水果，他就自己剥开，然后削成小块放在碗里给我们吃。"

吃饭在315、睡觉在315，生活起居也可以在315。C楼一层有理发店、打印店，地下有超市，外卖可以直接送达房间门口——24小时不间断的忙碌拥有了强大的"后勤保障"。

韩嫣（中）与工作伙伴们在C楼合影留念

"我的洗面奶后来很长一段时间都还放在315，没来得及拿回来。"对于韩嫣来说，这里仿佛短暂地成了她的第二个宿舍，是有关新年晚会的一切的诞生地，"一个神奇的地方"。

这里是大家头脑风暴的场所。每一天，前一天的方案都有可能被全部推翻重来。尤其是不可控因素较多的观众互动环节，大家从最刁钻的各种小概率事件去考虑方案的可行性，然后不断"再来一次"，重新推演，让这个方案更好更完善。

主题互动的最终方案，一直到30号晚上才确定下来。最开始设计的"分贝比拼"游戏最终出于不可控制的考虑未能采用。同学们为它做了很多调研、设想，也有很多同学在努力思考替代方案。

韩嫣正在讨论晚会方案

30号晚上，韩嫣灵机一动，想到可以玩“排列组合”类游戏，大家就在这个基础上讨论出了现在的方案——垃圾分类游戏，正好和晚会上关于“垃圾分类”的相声构成了呼应，也契合了2019年的社会热点。

“其实每天晚上都是这样一个不停‘打架’的过程。”韩嫣开玩笑道。

一个文艺人的“大满贯”

“能有这个机会和大家一起做好一场新年晚会，对我来说已经是画上了自己在清华校园文艺这条成长道路上很圆满的一个句号了，完成了我心里的‘大满贯’。”

确实，在清华的5年里，韩嫣已经探索过校园文艺的许多条路径、许多种可能性。在台前，她做过主持人、演过毕业大戏；在幕后，她从新闻学院学生会文艺部部员，到新闻学院学生会主席，再到校团委文体部新年晚会工作室的辅导员，在文艺这条路上一往无前，从来没有后悔过。

巧合的是，她本科的文艺生涯从新生舞会做主持人开始，再到毕业那年学生节做主持人结束。但中间的4年，她一直专注于幕

2018 年“毕业声音乐节”上的韩嫣

后工作:“站在台前只能给我一时的自我满足的快乐,而在幕后,我可以和团队一起,给更多的人带来快乐。”

她第一次主挑大梁、担任学生节总导演的时候十分紧张,甚至会在头天晚上做离奇的梦——梦到当天下雨,没有观众;梦到节目不够,自己被拉上去唱歌;梦到活动奖品没准备,只好现场胡思乱想……幸好,梦是反的。她觉得学生节最重要的意义在于“集体大团建”,每个参与其中的人都能够享受过程,找到自己的归属感,就足够了。

韩嫣也有过压力更大的时刻。她的第一次舞监经历,是大四那年提前一周“临危受命”的“毕业声音乐节”。那段日子是真实的“痛并快乐着”:白天实习,晚上加班结束就到观畴园地下开“毕业声”的筹备会。同时,韩嫣在校团委文体部还要负责中国大学生篮球联赛所有宣传稿件的最后审核。

现在回想起那一周的经历,韩嫣的语气里除了一丝心有余悸,还带着半分调侃:“为了拍毕业照时上镜一些,那段时间我一直在努力减肥,可惜没什么成效,但就在那一周,我瘦了七斤。”但这也是她在毕业季做过最不后悔的事情。

从院系的舞台到学校的舞台,她对校园文艺的看法也在逐渐

韩嫣在 2018 年毕业声音乐节担任舞监

改变："文艺并不只是一场场轻松的休闲活动，校园文艺其实是塑造校园文化的一个非常重要的渠道。从组织策划的角度来看，最重要的是明晰每一场文艺活动的核心表达是什么，想要达到的共鸣是什么。我觉得自己在这个漫漫长路上，还在探索。"

"是我跳动的红色的心脏"

"其实我曾试想过，如果我的大学 5 年没有做文艺的话，我可能会在做什么？后来想一想，觉得可能做什么都不会比做文艺更适合我。"

适合意味着热爱与擅长。常常被称为"嫣姐"的她有一种自然而然的领导力，会把事情安排得井井有条，带领着团队一步一个脚印地按计划行进。作为清华大学新年晚会的舞监，要考虑的事情已经不仅仅是舞台实现，还包括节目选拔、策划现场、互动游戏和直播采访视频,还有外场、票务、宣传等工作,很多方案在等着韩嫣处理。

韩嫣在宏盟楼前的留影

韩嫣在她的微信里输入"新年晚会",点击搜索,跳出来的群聊列表占据了两三屏的页面。所有的群聊名称都采用了一个统一的格式:名字后面加了一个或两个红圈的表情符号。她慢慢将页面往上滑,展示给我们看。

"关于新年晚会我有两种群聊,一种是最醒目的'红圈群',群中会同步节目、互动、视频、宣传等各个板块的核心进展;一种是其他工作群,也以统一的格式命名。我当时把这些所有的群都置顶了。大家在群里沟通信息,会比较透明;一层一层地私聊传递信息,对于新年晚会这个庞杂的体量来说,很容易出现误差。"

她吐了吐舌头,眼神依然滞留在那一长串列表上,好像过去几个月的一点一滴又重新排列组合,浮现在眼前:"有段时间洗澡都只能洗'战斗澡',只要 20 分钟没看手机,回来的未读消息就是三位数。对,已经不是显示数字的角标了,而是三个省略小红点了。"

韩嫣在毕业声音乐节上认真工作的瞬间

在不同的文艺部门工作，让韩嫣认识了很多“文艺人”。志同道合的新朋友们来自全校不同的院系，不同背景的碰撞往往也会激发她新的灵感。

更奇妙的是，韩嫣也在做文艺的过程中遇见了不同的自己。“我一直觉得自己其实是很普通很平凡的人。在日常生活中，我并不是一个很有想法、很希望做主导的人，而是更愿意去做朋友的倾听者。但当遇到了文艺，我会有一种冲动，想要表达自己的想法，想要和一群人一起把这个事情变得更好。”

在因文艺结缘的好姐妹张尧睿眼中，“她不做文艺的时候，其实对自己是没有那么自信的，和大家想象中的完全不一样。她也有很多自己做不到的事，也会焦虑、难过，也会犯懒、没主见，但她绝对不会在文艺里把这一面展现给大家”。在某种程度上，文艺塑造了韩嫣的一部分性格，也使她变得更强大。作为文艺人的韩嫣不一定是更完美的，但一定是更完整的。

如果用一个颜色去形容“文艺”，韩嫣给出的答案是“红色”，是新年晚会的颜色。“红色是很神圣的颜色，只有很重要的东西，才会用红色去标记重要性和优先级；它是闪闪发光的，它在我心里的位置就像红色的、跳动的心脏一样。”“文艺”对韩嫣而言，就是这样一个神圣的存在。

拥有这么多美妙又独特的文艺记忆,真正要告别的时候,会有不舍吗?韩嫣说:“人成长到一定阶段,总是要学着去放手,去拥抱新的事物。没准这边结束了,我可以找到属于自己的新的‘舞台’。不必对一件事情执念太深。”

韩嫣与园子里的秋天

就像她做学生会主席时,写给七字班新生的那一句寄语:少字当头,有错无悔。

“所有我做过的事情,我都会感激它。不管结果是好是坏,当时很崩溃,现在回头看都是我很宝贵的经历,带给了我成长。”只要去尝试,去探索,去努力闯荡,总有一条属于自己的路。

“新新廿廿”已然落幕,但“文艺”这件事,将会一直是属于韩嫣的心心念念。

贾煜洲：探寻珍贵的少数民族文化

文　朱滢

• 贾煜洲　清华大学美术学院视觉传达设计系 2019 级博士生

“3 点 15 分到达后，非常随机地遇到村民韦发芬，并到她家拍摄长衫瑶服装。通过对韦发芬的采访，发现长衫瑶服饰图案在数量方面的一个细节特点，即用单不用双。此外，还发现了一个妇女穿戴的手套，上面有刺绣图案，结构简单，穿戴方便，这是之前从未见过的。”

这是贾煜洲在贵州省荔波县考察时报告中的一段记录。荔波县隶属于贵州省最南端的黔南布依族苗族自治州，是贾煜洲服饰图案考察行的重点目的地。

贾煜洲在拉片村白裤瑶聚居地进行田野考察

贾煜洲2010年进入清华大学美术学院视觉传达设计系就读本科,2017年硕士研究生毕业后在北京服装学院任教,2019年再次返回清华美院读博深造。10年间,贾煜洲的身份经历着变化与回归,所坚持的创作源泉却始终如一。

据贾煜洲回忆,她还在“满地跑的年纪”时即跟随父亲和他的学生们去各地考察,耳濡目染下也道听途说了许多民族民间传说。读书后因为考学压力,原本生动的故事传奇也在贾煜洲印象中被慢慢淡忘。直至2010年大学入学前的暑假,她跟随父亲前往广西调研,“那些封存的记忆好像又都浮现出来了”,这也是贾煜洲第一次真正意义上接触“田野考察”。自那时起,她对田野与少数民族文化与图案的兴趣与日俱增,少数民族先人反复推敲、打磨下的代代相传的文化留存将贾煜洲“迷住”了,尤其是服饰图案上色彩、造型、疏密关系的无穷魅力更加激发了贾煜洲的深入探求欲。

贾煜洲在荔波县采访瑶族协会瑶族民俗文化研究专家

积累与兴趣引导下,毕业创作阶段的贾煜洲在王红卫教授指导下,以贵州苗族最为浪漫、最为感人的生命始祖“蝴蝶妈妈”作为图案符号再设计的重点,将苗族的蜡染图案作为装饰灵感,选用玻璃装置,结合LED光效以及激光3D内雕工艺进行了极富叙事性和动态感的毕设创作。

《梦幻苗语——蝴蝶妈妈》作品在展出时便吸引了不少人的驻足和观览，文字、视觉与技术的结合赋予作品直观的可读性和欣赏性。它以一种年轻人喜闻乐见的形式，圆满复生了边远山村古老神秘的传说故事。

在不同身份间游走

2020 年暑假，贾煜洲痴迷并继续着对少数民族文化与图案艺术的研究，开展了为期 10 天的紧凑考察。行程前大量的文献阅读让贾煜洲对考察地点的选取与时间顺序安排都有自己独特的选择与判断："在读书过程中找到感兴趣的点，慢慢感兴趣的点越积越多，就会串联成为一条线，然后随着阅读的不断深入，又会从一条线扩展成为一个面。"例如，从图案问题出发，以求知意识发问：名称、特点、寓意，由此形成一条串联的问题线，而后更深入地去探讨图案的适用范围、制作背景等，在工艺、使用、信仰的无形涉及中，从艺术图案延伸到设计学，扩展到民俗学、社会学，最终建立了一套有因有果的成型体系。在点线面关系逻辑的内在指导下，贾煜洲的贵州考察行计划表逐渐清晰，并且更有针对性。

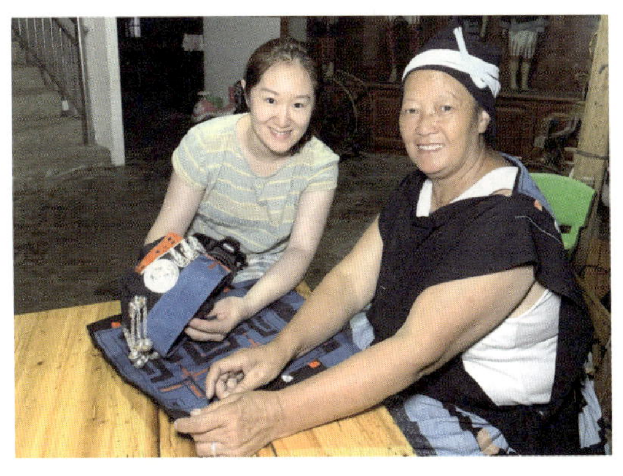

贾煜洲（左）采访白裤瑶民族服饰国家级非遗传承人何金秀

在岜地古寨拍摄白裤瑶古老的粘膏树

田野考察，离不开的一个步骤是对象访谈，以实名身份被贾煜洲记录于报告的采访对象就有 35 人次。

从村民到乡长，从女扶贫干部到“瑶山乡陀螺王”，从小学教师到《贵州社会科学》编辑部主任，在不同身份间游走、与他们沟通的经历让贾煜洲对荔波县民族文化的认知被立体地建构起来。荔波县政府非遗办主任和文管局局长对当地文化资源的掌握是宏观而广泛的，而乡、村一级的基层干部更了解与之同寨生长的民族同胞，也更本源性地了解民族历史、民俗沿袭，至于与手艺接触最近的织绣妇女，则对于更加细节的问题有着自己的答案……原先粗略的文化框架在不同人给出信息中日渐充盈起来。

贾煜洲提到，少数民族村寨文化的一个独特点在于虽属于同一民族，但支系众多，生活经历、成长背景、社会分工等的不同呈现出丰富的研究资源，不被刻板调查限制，往往能寻找到更珍贵的信息空白点。

贾煜洲（左）向拉片村白裤瑶妇女学习请教刺绣工艺

上下联动，左右旁通

“偏远地方的村民跟外界交流相对较少，与外族文化的接触少，受影响小，能够提供出来的信息基本上都是保持原汁原味的一个完好状态，所以对于这些村民我们肯定是要重点采访的。”

但问题也紧接出现：僻远之地村庄、村民的寻找与沟通问题无法仅凭资料解决。该怎么办？贾煜洲分享了一套经多年积累实证的独门秘法，“上下联动，左右旁通”。

贾煜洲（左）向板寨村长衫瑶妇女请教服饰图案寓意

贾煜洲(左)采访瑶埃村长衫瑶老阿婆

上下联动,是指从已有资料和访谈中寻找当地活跃的文化人物,列出名单,开具介绍信,联络县办对口部门,经由当地转达至乡镇。在基层单位工作人员带领下,贾煜洲一行能够更便捷地找到这些人物,当地向导对手艺的熟知也让考察“事半功倍”——寻访名单人数越来越多,调研内容愈加丰富。左右旁通,便是直接深扎村寨与村民交流,在闲谈的过程中触及工艺文化,热情的村民会主动地分享,甚至呼朋引伴,看热闹的村民也加入进来,他们将其视作一场“珍宝大较量”,各家都想向贾煜洲这群研究人员展示自己珍藏的宝贝。

考察岜地古寨,中午贾煜洲(右)与白裤瑶老乡一起在家中吃午饭

淳朴村民们的帮助让贾煜洲一行的田野工作得以顺利地进行，“我们当时坐车进村，沿途会停下搭载村民，有村民刚赶过集，手里面拎着一笼鸡一笼鸭，有些村民赶着小绵羊就上了车，我们那一路听着非常欢快的乐曲，听着这些鸡鸭鹅在车上叫”。

这是贾煜洲在考察过程中尤其难忘的记忆。

出新知、见新解

在贾煜洲眼中，田野考察是研究的起点，是研究的过程，也是研究的终点。

以少数民族研究为例，对于只有语言而没有文字的少数民族而言，仅从图书馆、互联网搜寻而得的资料中能获取的文字信息十分有限，准确性也值得考究，更有写作者主观态度和偏好理论的解读。研究的开展需要一手资料的采集，下田野则促使问题意识的发掘。田野考察过程的意义在于能够最直接、最客观地获取一手资料留以个人分析，扩展可研究空间，丰富研究成果，而不会受到已有文献过多的限制与干扰。这是一场跳离“从文本到文本”，出新知、见新解的生动实践。而研究的终点，对于研究依据的说明需得回到田野中做验证，“这样我们才能说拍着良心说我们的东西是经得起推敲的，我们的东西是准确的”。

在拉片村瑶王府拍摄白裤瑶民族服饰

白裤瑶妇女在村口做刺绣

田野考察的核心，是对真实的追寻

漫漫考察路，贾煜洲一直觉得自己是一个“走在路上的学习者”。少数民族文化源远流长，是多少代人的智慧积累，每一次田野考察，都是一场谦虚虔诚的从心之旅，带着问题从求知到求真，向专家取经，向村民学习，在疑问的解答中逐渐树立起一个立体而完整的系统，系统中的每一步互为呼应，都是可依可循、有理有据的。

“如果说你只是一个普通游客，那么你所看到的就是一个宁静的田园风光和一些村寨族群。但是，作为多年来进行田野考察的我，当我看见他们的时候，我会觉得他们对本族群文化的坚守，对传统文化由衷的热爱，已经融入了生活的方方面面。如今，年轻人有好奇心，有向国外探索的欲望，但却忽视了很多本土的、民间的文化智慧与工艺精髓，这些仍然在少数民族生活中有很好的保留

穿着白裤瑶民族服饰

学习白裤瑶民族服饰穿着方法

与传承。他们因地制宜,因材施艺,创造出博大精深且富有族群个性的图案艺术。其实,这才是我们更应该去学习研究、去探究与传承的。”贾煜洲希望能将少数民族文化与图案艺术研究下去,传承下来,让更多的人知道中华民族的传统智慧与精美艺术。

村口穿着白裤瑶民族服饰的妇女

访谈中,她回忆起一个细节:

“那些村中的妇女,她们穿着自己少数民族的服装,非常安静地坐在那儿,可能三五个妇女,就坐在一个树荫下,或者坐在她们的家门口,安安静静地一针一线去绣她们的衣服,绣她们的图案、她们的花。”

前往邑地古寨的石子路，途中与牛群相遇

穿着长衫瑶民族服饰的老夫妇

李晨宇：我和学生职协陪你一起规划未来

文 李晨宇

• 李晨宇 清华大学材料学院 2018 级博士生

2018 年，刚成为博士生的李晨宇加入了清华大学学生职业发展协会，开始在职业发展指导中心承担一些工作。几年来，他持续不断地为校内同学们提供优质的职业辅导服务。尤其是在 2020 年，随着国际形势的突变和新冠疫情的影响，同学们的就业选择和职业发展都面临了前所未有的压力，大家对信息供给、职业规划、能力培训、就业辅导等方面的需求愈发迫切。在此新形势下，他和学生职协的小伙伴们一起克服了疫情期间的种种困难，以贴合不同阶段同学的职业辅导需求为出发点，在新时期实施了一系列主动而有力的改革举措。

2020—2021 年度，李晨宇作为学生职协的会长，力求为更多的同学做好职业发展服务工作，及时地满足同学们对职业辅导的需求，累计推动各类职业辅导活动总计 280 余场，活动覆盖 17 000 余人次。在李晨宇和学生职协众多同学的共同努力下，本年度职业发展交流相关线上社群管理人数累计达 9 500 余人次，其中包括 2021 届毕业生微信群约 2 700 人，9 大行业俱乐部约 3 500 人，国际学生社群 500 余人，产生了颇具导向性的影响力。

职业辅导品牌活动稳中求进，因势而新

在会长李晨宇的推动下，学生职协持之以恒开展“简历嘉年

华”“模拟面试体验营”“职业启航嘉年华”“职业生涯教练计划”“我的一小时校友导师计划”“职业形象工作室”等核心品牌活动，这些品牌活动不仅为毕业生们所迫切需要，也同样引起其他年级同学的广泛关注与参与。考虑到同学们的需求，李晨宇没有因为疫情而推迟活动，而是利用多种方式想方设法解决困难，保证同学们能够及时接收到职业辅导活动。

面临疫情期间企业嘉宾无法入校的困难，他带领学生职协的伙伴们在线上开展了“简历嘉年华”，设立了 50 余个线上分会场，邀请近 60 名企业嘉宾为 1 000 余名同学（包括部分国际生）一对一修改简历，助力同学们的实习和秋招。

鉴于嘉宾无法进校，李晨宇和学生职协讲师团的讲师们一起，在接受专业的培训之后担任面试官组织开展“模拟面试体验营”，设立 30 余个分会场，协助近 500 名同学熟练掌握无领导小组面试流程、评价标准与方法，使得同学们可以从容应对秋招中的面试关。此外，他决定将模拟面试安排为常态化活动，每周定期开展，持续性满足同学们对面试训练的需求。

学生职协组织开展线上简历嘉年华现场

畅通党班团联络渠道，职业辅导到同学中去

2020 年以来，李晨宇带领学生职协讲师团持续开展渠道建设工作，直接与党班团活动一线组织者沟通，走进党组织生活、主题教育、班会和团日活动，提供自我认知、生涯规划、面试技巧、简历撰写等职业发展专题辅导。他与研究生各院系党支书和大量本科生辅导员建立联系，希望可以把优质的职业辅导资源真正分享给每一位同学。

在班团出讲这一活动中，共有超 100 个党班团进行了预约，讲师团已对 2 700 余位同学进行了讲解。在班团预约渠道逐渐畅通的背景下，即使面对疫情的严峻形势，春季学期未返校期间仍旧有 50 余个党支部进行预约，其中还包括 5 个湖北临时党支部。在秋季学期持续推进下，目前学生职协和讲师们已经向 48 个党班团进行了讲解，并且已经实现了“只要班团有需求，马上能满足”。李晨宇通过深入班团的方式，使得学生职协的服务工作不仅针对应届生展开，还全面服务于各年级同学，为所有有需求的同学提供适合且有针对性的职业辅导。

李晨宇（第一排右二）作为学生讲师深入党支部开展班团出讲

疫情期间不停歇，“天天有咨询、周周有讲座、班班有辅导”

面对疫情的严峻挑战，李晨宇积极应对，转变工作思路，迅速适应线上活动开展的新思维、新模式，响应职业发展指导中心提出的“天天有咨询、周周有讲座、班班有辅导”的职业辅导口号，在疫情期间持续为清华同学的职业生涯发展提供助力。他和伙伴们迅速将常规化讲座转移到线上进行，进一步丰富主题，既包括行业学习，又有职场技能教学，更有校友求职经历分享，对同学们的职业发展起到高效率的辅导作用，也有利于毕业生减轻焦虑，更好实现从校园到职场的顺利过渡。

截止到2020年末，他和伙伴们组织线上常规讲座110余场，累计覆盖超11 000名同学，其中有为同学们修改简历及面试辅导开放的“面试/简历工作坊”，有方便同学们了解各行业企业、为其提供生涯规划和求职技能培训的“校友系列讲座”和“生涯讲坛”，也有为了针对性服务院系的“职面人生讲座”。

学生职协邀请企业嘉宾开展职业发展相关主题讲座

建立校友嘉宾库，加强职业发展传帮带

在国际形势变化与疫情的共同影响下，校内同学对职业发展的选择和规划愈发感到迷茫，而大型的行业分享及宣讲会活动无法切实地解决同学们对具体问题的疑惑。为此，李晨宇主动开启校友嘉宾库建立工作，广泛邀请毕业年限不超过 3 年的优秀校友与校内同学进行分享与沟通，更加接地气地解决同学们在职业规划和企业选择上的问题，并加强年轻校友与校内同学的联系，起到职业发展的“传帮带”作用，争取做到同学们在各行业、各方面的问题都有人可问、有人可帮、有人可学。秋季学期内共开展“系列校友讲座”39 场，场均参与人数超过 100 人，同学们与校友的联系由学生职协组织群聊维持，群内交流讨论从未停止。

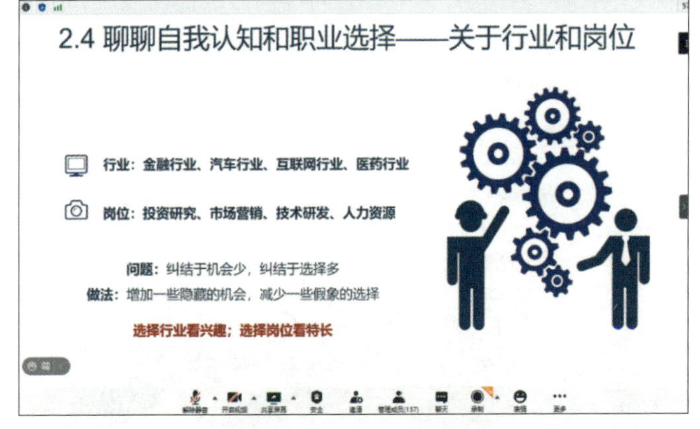

线上系列讲座与交流活动腾讯会议室

作为学生职协的会长，李晨宇始终保持为同学们做好职业辅导服务工作的初心，和职协的伙伴们一起努力做到为各年级的同学们提供合适的活动支持，为校内同学的职业发展与实习就业做出了一定贡献，得到了校内同学的广泛认可与好评。新形势带来了新考验和新机遇，在这关键的时刻，李晨宇坚持不懈推进各项活

动,高效开展更加关注同学需求,主动调整结构,服务工作更提前、更具体、更精准、更有效,为校内同学实习就业与职业发展提供助力。

不论秋招多么激烈,不论选择多么纷杂,也不论职场多么迷茫,李晨宇都会和职协一起陪着同学们去看、去听、去准备,和同学们一起打造锋利的刀、坚固的盾,一起运筹攻城拔寨的策略,一起斟酌利弊得失的取舍,陪着大家坚定、自信、从容地走向更好的未来。

刘东：在球场上，不到最后一秒不能认输

文　王旭琛 彭欣怡 魏小雯

· 刘东　清华大学新闻学院2020届本科毕业生

刘东，清华大学男子篮球代表队前任队长、主力中锋，以稳健的球风、出色的防守技巧、强劲硬朗的篮板球能力而著称。在第22届全国大学生篮球联赛(CUBA)决赛中，担任球队队长的刘东成绩惊人，出战16分钟砍下16分9个篮板，帮助清华男篮夺得队史上第二座联赛冠军奖杯。而刘东也凭借其在比赛中的出色发挥，荣膺联赛FMVP(总决赛最有价值球员)的头衔。

刘东(一)

和他在场上强硬而富有侵略性的表现相比，采访中的刘东显得更加内敛而沉静，只有当谈到有关篮球的种种故事时，他才变得格外健谈……

何以前行，唯热爱而已

在聚光灯闪耀的 CUBA 决赛场上，当刘东捧起属于自己的 MVP 奖杯时，他或许还是会想起自己第一次步入西体的那个下午。

2015 年的他刚刚加入清华男篮不久，已经发现自己面对着来自四面八方的压力与挑战。2016 年，清华男篮风头正盛，凭借其豪华的内线组合，成功摘得了第 18 届 CUBA 男篮的桂冠，而彼时依旧稍显稚嫩的刘东虽然随队出战，却并无出场机会。

"清华的队伍里，每一个位置上的竞争都非常激烈，因为相当于从 20 个已经很优秀的人中选出 12 个人组成比赛大名单，再在这些人中挑出每个位置上最好的人去比赛。"刘东坦言道："新老队员的技战术水平差距其实没有那么大，差距主要体现在赛场上的经验。我是从小城市走出来的，刚来时可能不像我身边的同学已经有了一些比较丰富的实战经验，有的甚至还是高中全国冠军，所以当时竞争的压力还是存在的。"

刘东（17 号）第 22 届 CUBA 比赛中

挑战沉重而切实，死死地压在了刘东肩头。队内无可避免的激烈竞争、由高中到大学训练方式与比赛的变化……但重压之下他没有被击垮,反而像是一根强韧的弹簧在不断压缩中积蓄着能量。在这个过程中,等待成了无可回避的选择,但这绝非一种消耗或者痛苦,而更像是一种缓慢的蜕变,变化的种子便孕育其中。

在回顾自己的这段经历时,刘东将自己的成长更多地归功于队内的环境,认为队友的鼓励与包容构成了良性竞争的动力;但他肉眼可见的刻苦、自律与进步或许是另一个关键动因。

“我个人特别欣赏易建联,不仅是因为他在场上霸气的性格,更多是因为他的极度自律。这种自律其实是来自对这项运动的热爱。”而刘东的坚持、等待与不放松实则也同样源于一种纯粹的情感,一种对篮球运动的热爱,这推动着他不断前行。

从大二到大三,刘东凭借着自己在训练中稳定而出色的表现逐渐站稳了球队主力的脚跟,开始在 CUBA 的赛场上征战四方。和清华男篮所有队员一样,刘东渴望着胜利与荣誉,那时的他却也未曾预料之后的道阻且长。

四年磨一剑，霜刃未曾试

在刘东的大学 5 年中,清华男篮在 CUBA 赛场上的征战之旅并不那么顺利:2017—2018 赛季,清华男篮在 CUBA 全国赛 8 进 4 的比赛中憾负华侨大学;2018—2019 赛季,正是他大四保研压力最大的阶段,清华男篮闯入决赛,与北大男篮上演“五道口德比”却与冠军失之交臂……

2019 年,刘东上大五,队长的重担落在了他的肩头。“队长不同于过去的普通队员,你在场上场下的角色会发生转变。”刘东谈到这段有些艰难的岁月,脸上有了一丝苦笑,“就好比一座桥梁,你需要连接球员和教练两端,既要帮助新队员融入,帮忙纠正小队员们的动作纰漏,也要帮助教练传达想法。一开始的时候其实心理压力很大,总想着要以一己之力扭转比赛。如果一场比赛没有打好，我觉得自己作为队长是有责任的”。

赛场上的挫折和失利使得刘东不断反思、提升自己，也让他不断调整心态。当新赛季开始，刘东已不再轻易感到自责与重压，多了一分担当与成熟，带领着整装待发的清华男篮向着最高荣誉发起冲击。

距离清华男篮上次夺取 CUBA 冠军已经过去了 4 年，而疫情的影响几近让这一赛季①的冲击计划落空，“我当时感觉（CUBA）比赛打不了，心中还是有些许失落的，因为这是我的最后一年，马上就要毕业了。但是比赛通知一出来之后，我整个人就兴奋起来了”。这并非刘东一个人的心态，经过了长久磨合与疫情期间定期开展的训练，清华男篮队员们也都早已积蓄起一股拼劲，去夺取自己实力应得的那座奖杯，可谓四年磨一剑，剑出即指巅峰。

2020 年 8 月，清华男篮获得队史上第二个 CUBA 总冠军

在全国赛八强赛之前，清华大学 7 战全胜，场均净胜 39.6 分。在接连战胜中国民航大学、北京化工大学之后，清华男篮在 8 进 4 的比赛中遭遇了他们这赛季最为凶险的一场拼杀，半场落后老牌劲旅华侨大学 21 分——两年前，正是华侨大学将清华淘汰，但最后两节，刘东率领球队连扳 23 分，逆转比赛，作为队长的他在这场

① 指 2019—2020 年赛季。

比赛中砍下 15 分 12 个篮板,清华男篮总共有 5 人得分上双。

自此一战,清华男篮越发气势如虹,最终杀入决赛,在泉州海峡体育馆捧起了队史第二座 CUBA 一级联赛冠军奖杯,而在比赛中得分效率惊人的刘东也当之无愧地获得了 FMVP 的荣誉。

四年沉寂,终有所得,不鸣则已,一飞冲天。

刘东(左)获得 FMVP

新的生活，新的起点

这座 CUBA 男篮的冠军奖杯为刘东 5 年的清华男篮生涯画上了一个圆满的句号。退役之后,刘东选择来到清华大学新闻与传播学院攻读硕士学位,他希望在自己感兴趣的体育传播方面进一步挖掘深耕,帮助大众进一步了解体育运动背后的深层逻辑与内容。

刘东在第 22 届 CUBA 比赛中

同时，刘东也担任起新闻男篮的新任队长，希望利用自己的专业技能帮助新闻男篮在“马约翰杯”的比赛中更进一步，取得更加优异的成绩。当被问到准备如何开展训练与球队建设时，刘东已然有了自己的思考和想法。

“我觉得作为一个运动员来说，既然出现在球场上，不到最后一秒不能认输。你只有不服输，只有真的想赢，才会把你所有能量都给释放出来。”刘东这样总结他心中体育人最重要的特质。不服输的干劲为清华男篮的夺冠助力，来到清新（清华大学新闻与传播学院的简称），这样的特质也许会给他带来新的故事。

刘东（二）

清华翻译人：语言背后的温度和生命

文　朱文曦 孙韬淳 汪琰

翻译，一个正因为在我们的日常生活中无处不在，而往往被忽略的存在。遇见看不懂、听不懂的外语，拿出翻译软件，输入、输出，动作一气呵成，人人得心应手。随着科技的日益进步，软件的功能愈发强大，于是，人工翻译终将被机器取代的观点势力日盛。

然而，在清华园中，依然有一群人坚持在翻译路上不断求索。是什么让她们走进翻译，在字幕翻译、口译和诗歌英译的背后，又有着什么样的故事呢？

刘子畅在进行字幕翻译

戴着“镣铐”起舞

刘子畅（外文系日语专业 2018 级硕士）

对于日语专业研究生的刘子畅来说，加入字幕组不仅是爱好，也是一个非常好的学习机会。大二的时候，刘子畅第一次真正将翻译作为一项可作为职业的特殊技能来看待。“全国口译大赛在我们学校举办，那一年我作为志愿者，看到选手们用流利的语言将难度十足的材料精准地翻译出来。”那一刻，刘子畅自言深深感受到了翻译的魅力与华光。

回顾迄今为止的翻译经历，让刘子畅记忆最深的是参与日本 TBS 电视台纪录片《世界遗产》的汉化工作。字幕组常被人形容为“为爱发电”的典型代表——因为爱与热情相聚，不问姓名，不求回报。《世界遗产》的汉化团队亦是如此。这部纪录片每集用 25 分钟介绍一处世界遗产，字幕组的每期视频发布后的点击量总是能达到上千甚至上万。

	终稿	初稿
今日は絶景の世界遺産	今天的主题是美丽的世界遗产	今天的主题是绝景世界遗产 将介绍桂林等中国南方的喀斯特地带
桂林をはじめとする中国南部カルストです	将介绍桂林等中国南方喀斯特地带	那里不仅有呈三角状的美丽山峦
三角形をした美しい山々	那里不仅有呈三角状的美丽山峦	也有这样粗野无比的景观
一方でこんな荒々しい景色が広がる場所もあります	也有这样粗犷无比的景观	而这样的怪石竟还发挥着保护着地球的作用
そして驚くことにこの奇岩が地球を守っているというのです	而这样的怪石竟还发挥着保护着地球的作用	这样的石山对地球上的生物来说是不可或缺的
生き物にとってかけがえのない岩山です	这样的石山对地球上的生物来说是不可或缺的	让我们一起探索怪石地带的惊人秘密
奇岩地帯の意外なヒミツを求めて	让我们一起探索怪石地带的惊人秘密	开启绝景之旅吧
さあ 絶景の旅に出かけましょう	开启美景之旅吧	中国南方的喀斯特地带有7处被纳入了世界遗产
中国南部カルストは７つの地域が世界遺産に登録されています	中国南方的喀斯特地带有7处被纳入了世界遗产	首先我们从桂林出发
まずは桂林からスタートです	首先 我们从桂林出发	人们用这样一句话来赞美桂林的景色
その風景はこうたたえられてきました	人们用这样一句话来赞美桂林的景色	桂林山水甲天下
桂林の山水は天下に甲たり	桂林山水甲天下	让我们走进孕育了天下第一景的山水世界
天下一の景色を生んだ山と水の世界へ	让我们走进孕育了天下第一景的山水世界	像塔一般高高耸立的石山
塔のようにそそり立つ岩山	像塔一般高高耸立的石山	比较高的要超过200米
高いものは200メートルを超えます	高的有200多米	像这样有着独特形状的石山就是桂林的名片
このような独特な形の岩山が桂林の代名詞です	像这样有着独特形状的石山就是桂林的名片	呈美丽圆锥状的群山
きれいな円すい形をした山々	呈美丽圆锥状的群山	它们全年都沐浴着丰沛的降水 一直被新鲜的绿色包裹
豊かな雨を受け　一年中みずみずしい緑に覆われます	它们全年都沐浴着丰沛的降水 总是绿意盎然	中国的怪石地带气候温暖 一些地方全年有200天以上都有降雨
中国の奇岩地帯は気候が温暖で	中国的怪石地带气候温暖	这一特点使这里的景象更为丰富多彩
年間200日以上も雨が降るところもあります	一些地方全年的降水日达到200多天	尤其是桂林的漓江别有一番风味
それが風景に多彩な表情を与えます	这使得此处得风景更加丰富多彩	这座巨大的石山 名叫九马画山
中でも桂林を流れる川　漓江の美しさは格別です	尤其是桂林的漓江别有一番风味	据说是因为形似岩壁上有9匹马
巨大な岩山　九馬画山と呼ばれるのは	这座巨大的石山 名叫九马画山	近看我们发现 它的岩壁是白色的
岩壁に馬が９頭隠れているように見えるからだとか	据说是因为岩壁上好似有9匹马	这是石灰岩
近寄ると 岩肌が白いことが分かります	近看我们发现 它的岩壁是白色的	其实桂林的所有岩石都是石灰岩
石灰岩です	这是石灰岩	这座奇形怪状的白色石山也是由石灰岩构成的
実は桂林の大地はすべて石灰岩なのです	其实桂林的所有岩石都是石灰岩	因为靠近山顶的圆洞形似月亮
何とも変わった形をしたこの白い山も石灰岩でできています	这座奇形怪状的白色石山也是由石灰岩构成的	所以人们叫它月亮山
山頂付近に開いた丸い穴が月のように見えることから	因为靠近山顶的圆洞形似月亮	岩洞直径大约20米
月亮山と名づけられました	所以人们叫它月亮山	内部顶端有很多小的突起
穴は直径20メートルほど	岩洞直径大约20米	由于被雨水溶解的石灰成分在风干的同时凝固
天井部分に小さな出っ張りがたくさんあります	洞顶有很多小的突起	所以形成了如此扭曲的形状
雨水で溶けだした石灰分が風に吹かれながら固まったので	由于被雨水溶解的石灰成分在风干的同时凝固	这样的景观都是石灰岩被雨水溶解形成的
いびつな形になったのです	所以形成了如此扭曲的形状	叫做喀斯特地形
こうした風景はすべて石灰岩が雨水で溶かされてできたもの	这样的景观都是石灰岩被雨水溶解形成的	在中国境内有很多石灰岩分布
カルスト地形と呼ばれます	人称喀斯特地形	南方的卡斯特地带占据了石灰岩总分布面积的一半以上
中国の国土には石灰岩が広く分布しています	在中国境内分布着大片石灰岩	其中有7处被纳入世界遗产
その半分以上の面積を占めるのが南部のカルスト地帯	南方的喀斯特地带占据了石灰岩总面积的一半以上	重庆的金佛山是其中之一
７つの地域が世界遺産に登録されています	其中有7处被纳入世界遗产	接下来我们将探索奇岩诞生的秘密
その一つ重慶の金仏山です	重庆的金佛山是其中之一	你好你好 你好
奇岩誕生　そのナゾに迫ります	接下来我们将探索奇岩诞生的秘密	我们要和当地的地理学家一起登山
地元の地質学者と山に登ります	我们要和当地的地质学家一起登山	今天请多多关照
今日はよろしくお願いします	今天请多多关照	金佛山一年中有三分之二的时间都笼罩着雨水和雾气
１年の３分の２は雨と霧で覆われる金仏山	金佛山一年有2/3的时间都笼罩着雨水和雾气	登山路上有很多奇形怪状的岩柱
登山道には奇怪な岩の柱が並んでいます	登山路上有很多奇形怪状的岩柱	这些岩柱也全都是石灰岩
この岩の柱も全部石灰岩です	这些岩柱也都是石灰岩	它们变成这种形状有两个原因

字幕组校对稿

虽然字幕组的工作在观众看来只是简单的加字幕,背后却经历了找片源、听译、时间轴制作、压制到最后发布的层层工序。片源的获取一般是通过联系在日本的同学,拜托对方从电视上录下来,或者是购买日本发行的高清 4K/8K 的 DVD,并承诺不用作其他商业用途。有的视频自带配套的日文字幕包,只需要转化格式便可直接进行中文翻译,有的则需要从零开始逐字逐句听译出来。“刚进字幕组的时候,每个人都会收到一个参考模板,里面整合了一些常用的字幕表达方式和格式规范——字幕翻译也是有一套自己的文字风格的。”

刘子畅初入字幕组的第一次翻译,是介绍中国南方喀斯特地貌的内容。这次的经历于她而言是翻译技巧上的一次飞跃性提升。“我们人手不多,组员翻译完第一稿后交给组长,组长修改第二稿,通常没有问题就直接送去打时间轴、进行压制了。”这种扁平化的作业方式要求每个人都对自己手头的内容高度负责;同时,从日语水平极高的组长身上也能学到不少只可意会的翻译真经。

《世界遗产》字幕呈现

“这部纪录片非常打动我。我在翻译过程中一直思考:如何将这份感动延续到中文当中去?比如片中有一句——‘その底では美しい湖が澄みきった水をたたえていました’,我最开始翻译成:‘在天坑底部,美丽的湖湛着澄澈的水。’虽然意思都翻译出来了,

但组长改成了：‘在天坑底部，清澈的水流汇聚成一片美丽的湖泊。’他并没用什么华丽的词藻，这‘汇聚’一个词就用得妙极了。类似的例子还有很多。”

在刘子畅看来，翻译就是一场戴着镣铐的舞蹈。所谓“镣铐”，指的是原初的文本，而“跳舞”即指翻译并不是一字一句完全照搬原文，而是在两种文化之间切换语言、切换思维方式，并且或多或少把自己对文章的理解融入译文当中去。

虽然翻译的门槛并不高，在很多人眼中甚至有些稀松平常，但若要做到自如起舞，则需要日积月累的高超技术——不仅要培养针对特定语境的独到见解，每一次面对不同的文本和受众，还要不断地调整自己的逻辑定位。翻译是一件辛苦的差事，但刘子畅认为：反复打磨一部好作品的过程本身就能让人收获很多感悟和启发。而且做字幕其实提供了一个创作者的视角，这与平常单纯的观看是不同的。

此外，保持着学习姿态，面对充满求知欲的观众，也是译者的动力与自我鞭策的来源。“我们做的很多节目与热点有结合，观众肯定也会比较了解相关的东西，所以至少要和他们保持在一个水平，这也敦促我们不断学习。”字幕组的成员之间，以及字幕组和观众之间，不知不觉地就形成了一个相互学习的同好小团体。

《世界遗产》纪录片

专业能力、负责任的心态,以及对于文本的热情,是刘子畅眼中做翻译最重要的事情。“来自原文本的‘镣铐’可以是束缚也可以是抓手。虽然训练翻译能力并不轻松,但我永远不会停止翻译!”

翻译是有温度的中转站

杨雅捷(外文系日语专业2014级本科,法学院2018级硕士)

左一为佐佐木美结,是《小偷家族》中友里的扮演者,
杨雅捷在《小偷家族》北京首映礼中负责帮她翻译

本科就读于外文系的杨雅捷从学习日语开始便对翻译产生了极大兴趣。她第一次正式的交替传译经历,是在2018年日本歌手谷村新司先生来华的一次专访上。原定的翻译由于时间原因无法继续承担这项工作,找到杨雅捷帮忙。在此之前,杨雅捷的口译经历仅限于非正式场合,对象主要为身边的同学。“这是第一次为知

名人士做翻译，参加正式的专访活动，我非常紧张，用了一周时间尽可能做了准备。”

中译日方面，杨雅捷手里有主持人提问内容的中文大纲和翻译公司做好的日文大纲。但日文大纲使用了过多的汉字词和书面语，杨雅捷认为并不适合口头交谈，便自己根据中文大纲的内容重新翻译了一遍，再请日本朋友帮忙订正后熟练朗读。

而日译中方面，学过日语的朋友也许会有同感——虽说都是日语，日本中老年男性说的话相对来说更难听懂。为了保证较好的采访效果，杨雅捷提前在网上搜索了谷村先生早先的各类采访，尤其关注记者的提问和谷村先生回答时的习惯用语，记下他经常提到的主旨思想，了解他对于中日音乐交流的基本态度，以此为基础扩展开来，收集相关单词备用。

此外，杨雅捷对采访中可能提及的问题与关键词也做了准备。谷村先生在采访中可能会提到其歌曲的内容，杨雅捷去检索了几首重点歌曲的歌名和歌词，其中就有在中国最有名的《星》。“谷村先生和中国香港的谭咏麟等歌手曾有过合作与交流，我便特别记下了这些歌手姓名的日语念法，注意英文名、片假名念法和中文名（粤语）音读的区别，避免出现在采访中听不出来的情况。”

在谷村新司采访现场

在上述详尽的准备工作后，采访正式开始了。杨雅捷欣喜地发现，自己特别注意检索的几个点全都派上了用场。“谷村先生说一句开头，我便可以根据他历来的观点和态度预测他接下来要说的话，预测的内容准确度比较高，预想的歌曲和合作歌手也在采访中出现了！对我来说，这第一次正式的交传经历比较成功，证实了准备思路方向的正确。”这让杨雅捷备受鼓舞，同时也为能有机会与谷村先生对话深感幸运。“谷村先生非常温和，完全没有架子。我翻译时，他会认真地看着我的眼睛，听我说话，我莫名地有些感动，又觉得受到了鼓舞，更想着一定得把翻译做好！”

一个好的开头至关重要，而在其后不断丰富的口译经历中，令杨雅捷最为印象深刻的还要数在“小津安二郎的内与外”主题研讨会上同声传译贾樟柯导演的发言。“当时，参加研讨会的嘉宾、老师们虽然提前发来了大纲和部分讲稿原文，但关于贾樟柯导演的部分仍是一片空白。”毫无头绪的杨雅捷只得检索了贾樟柯导演曾经谈及小津的内容，又复习了在大四日本影视鉴赏课上学习的相关内容。当天，觉得自己没有做好充足准备的杨雅捷坐在三位日本老师旁边紧张得手抖，心跳如擂鼓。“好在贾导的用词非常平易近人，语速方面也会留心照顾翻译，用眼神与我沟通进度，让我较为顺利地完成了这段长达 20 分钟的同传。”

小津安二郎研讨会

在大众看来，译者通常是隐身工具人，但在杨雅捷看来，翻译可比作信息的中转站与加工厂。“在翻译过程中我要一边听、一边记录、一边在脑子里把接收到的信息迅速理解并切换成另一种语言的思维，然后按照输出语言的习惯向他人传递。”

好的翻译需要用脑、用心。虽然一直有观点认为翻译终将被人工智能取代，但杨雅捷认为“翻译是需要思考的、有温度的跨语言沟通中转站”，机器目前还无法像人脑一样逐短句地去从文法角度拆解句子的意思并重新拼装。“译者之所以是‘人’，而不是翻译机器，就是在于‘人’是有血有肉的、有情感的。人说出的话、写出的文字都是有情绪的——在翻译中，我们决不可自说自话，而是要去贴近被翻译人的想法，传达出‘那一刻’的心情。”

口译的不确定性和即时性，既考验语言能力，又考验心理状态。“会紧张、会害怕，但做下来很有成就感，”杨雅捷觉得作为一个“菜鸟”，还需要更多的经历不断地磨炼，“毕竟我们不可能每一次都幸运地遇到贾樟柯导演这样‘用简单的词汇，说真诚的话语’的嘉宾。”怀揣着对口译的热爱，杨雅捷不会停止在译者之路上的马拉松。“我想成为一位用脑、用心、有温度的译者。”她这样对我们、对自己说道。

赋予每一首诗歌以生命

白申昊（外文系英语专业 2014 级本科生）

白申昊在清华图书馆

白申昊与诗歌翻译的第一次邂逅,是在大二。盛夏里的一天,她看到莫奈的画作《吉维尼的草地》,画面映于瞳孔,浮现于脑海中的却是中国的一首古老诗歌——《郑风·野有蔓草》。“我希望外国的朋友也能读懂这样美的一首诗,和他们分享我此刻的感动。”

郑风·野有蔓草
Weeds Flourish in the Wild

野有蔓草,零露漙兮。
有美一人,清扬婉兮。
邂逅相遇,适我愿兮。

Weeds flourish in the wild,
drop the airy dews;
There a beauty is,
her eyes so crystal-like
that nearly stop my breath,
What an unexpected surprise
to encounter with the eyes of thee!

野有蔓草,零露瀼瀼。
有美一人,婉如清扬。
邂逅相遇,与子偕臧。

Weeds flourish in the wild,
flow the brisky dews;
There a beauty is, her regard so charming
that makes my stare freeze,
How I wish to start a journey of happiness
holding the hand of thee!

莫奈画作与白申昊翻译的《郑风·野有蔓草》

在白申昊看来,诗歌翻译追求的并非字与字的对应和句子的准确性,而是寻觅最恰当的词语,传递一种情感的寄托。“翻译就是三位知音对谈,互相点头微笑。”她在诗的田野里与诗人漫步、谈心,不知不觉中用另一种语言将这种与时空对话的感受表达出来,翻译后的诗歌就似有了其情感寄托,文字突然活了起来。

在留学期间,白申昊也把这种与诗相交的方式带入生活当中。身在异国他乡,想家的时候,便翻译几首诗,足以排解很多思乡怀人的情绪。诗歌翻译之于她,更像是一种“兴之所至,兴尽而归”的交友之道。“目前的翻译过程中还没有遇到特别大的困难,可能是因为翻译的时候大多是真情实感,所以文字也自然流出。”在疫情期间,倾注浓厚情感翻译顾贞观的《金缕曲》,也成了白申昊迄今为止印象最为深刻的译作。

“我读到‘季子平安否?……数天涯,依然骨肉,几家能够?’当时眼泪就下来了。想到了心中牵挂的人分散在世界各地,想到世界蒙受的苦难,想到曾经的笑脸,有一种特别想要把美好的事物抓

《金缕曲》
Song of Gold Thread
清·顾贞观
Gu Zhenguan（1637-1744）

季子平安否？便归来，平生万事，那堪回首！行路悠悠谁慰藉？母老家贫子幼。记不起、从前杯酒。魑魅搏人应见惯，总输他，覆雨翻云手。冰与雪，周旋久。
Dear friend, if you are fine. Returned, still burdened by the memories of thine. With whom to go, along the long winding road. To keep the broken roof, for family growing old. The taste of that cup of wine. Demons come often, yet one never beats the evil. Since long ago, living with the icy cold.

泪痕莫滴牛衣透，数天涯，依然骨肉，几家能够？比似红颜多命薄，更不如今还有。只绝塞、苦寒难受。廿载包胥承一诺，盼乌头、马角终相救。置此札，君怀袖。
Don't let tears wet your clothes. Hard, loved ones holding on together, around the globe. A beauty often dies young, yet the pain of losing one hurts more. Far corner of the world, unbearably cold. Twenty years gone, you still have my promise, to hope for your return, to save you no matter what. This letter to you, my friend, to keep.

To friends.

Translated by Bai
15 Mar 2020
Beijing

白申昊翻译的《金缕曲》

住的感觉，但是却空落落的，无所凭寄。正好这首词的结尾是‘置此札，君怀袖’，给了我启发。译了这首诗，把想说的话包裹在字句中，发到社交媒体上，用这封词作的信向各种语言背景的朋友，道一声，珍重，珍重。”

不断累积的翻译经历，让白申昊对翻译的认识和翻译方法逐渐成型。在她看来，在翻译中最重要的是充分利用语言的灵性。“语言是有生命的，每种语言，每篇作品都有其独一无二的特点和灵魂。如果翻译能够把握住这种语言和作品的独特性，将其忠实而巧妙地传达出来，在我看来就是好的翻译。”因此，白申昊在翻译时并不会特别在意诗歌翻译相较于小说翻译、散文翻译等在文体与分类上的不同，而是将每一首诗歌当作独一无二的文学作品去对待。

当谈及译者与原著、与作者之间的关系时，白申昊倾向于将作品与作者分而视之，将目光投注于作品之上。“原作好像传记主人公，译者是传记作者，翻译就是传记作品。成功的翻译就如同那些得到主人公本人认可的某本传记。”虽然译者往往隐身于作品之中，是在大热的出版物背后独守一隅的幕后英雄，然而当下随着大众文学素养的普遍提升，译者逐渐走入舞台灯光之中。

白申昊也表达出期望读者更多关注译作、提升翻译鉴赏力的心愿。“其实(成为一名好的翻译人)是一个挺高的要求,需要一定程度的大众语言水平和文化修养。但是反过来,大家对翻译作品挑剔,也会促进社会文化水平的提高。可能最后还是要回归到语言本身,使语言能与人真正地更亲近。”而这份亲近语言、分享美好的心境,也是引领白申昊走近翻译、坚持翻译的动力来源。

后记

于她们,翻译犹如一场衣香鬓影的舞会。蒙面的众人擦肩而过,点头神交,分享心中情感的瞬间震颤。几多思绪缠绕,在两种语言间流转;一如翻飞的裙角,划下的美丽痕迹。宴会散去,感动却不会消失,留心间,慰一腔情深。席间一期一会、酒畅言欢,便是她们坚持的理由。

马嘉莹：心之所向，素履以往

文　闫小安 王思文

• 马嘉莹　清华大学社科学院 2019 级研究生

马嘉莹（二排右四）和队友留校过年备战新赛季

2014 年，是清华女篮转型为 A 类队的第一年，也是清华大学招收女篮高水平运动员的第一年。马嘉莹作为第一批的 6 名女篮高水平运动员之一，走进了清华园。

作为队伍最初的中坚力量，她带领清华女篮以破竹之势取得了一个又一个好成绩：2015 年，作为新生的她带领队伍打进了 CUBA 全国四强；2017 年，刚刚转型 3 年的清华女篮在 2016—2017 赛季拿到了队史第一个 CUBA 全国总冠军，紧接着在 2018 年卫冕，再创女篮辉煌。

值得一提的是，在 2018 年和 2019 年，马嘉莹和队友代表清华女篮蝉联了两届“国际大体联三对三篮球世界杯”冠军，并成为该赛事举办以来唯一一支蝉联冠军的球队。

初见马嘉莹时，第一印象是和其他体育特长生一样，又高又大、颇有气势。但在长达一小时的采访中，她却并不像是球场上运筹帷幄、克敌制胜的 MVP 般霸气侧漏，而是以队员们、朋友们最亲爱的“宝姐”的身份，将自己的故事娓娓道来。

从这段故事里，我们能读出她为荣誉而战的拼搏奋斗，也能读懂她爱国爱党、爱校爱队的细腻温柔。

清华女篮的“大姐姐”

马嘉莹出生于一个篮球世家，从小在父母练球、打球、看球的多种熏陶下，她从拍皮球开始，逐渐爱上了篮球这项运动。进入学校后，由于上学比同龄人早一年，她一直比同级的同学小一岁。然而来到清华，马嘉莹却当之无愧地成了清华女篮的“大姐姐”。

马嘉莹(中)和队友在赛场上

作为清华女篮的“大姐姐”，马嘉莹伴随着女篮队伍一路走来，见证着这支队伍从诞生到崛起的成长之路。2017 年 CUBA 的半决赛中，清华女篮对战中南大学。为了迎战这支实力强劲的队伍，队员们在兼顾期末周考试复习的同时，高强度训练了整整一个月。马嘉莹回忆道："现在回想起来，那一个月是我 24 年来经历过最漫长的一个月，在那一个月里全队平均每个人瘦了 10 斤。"正是凭借着不怕苦不怕累、积极备战全力以赴的体育精神，清华女篮成功摘下队史第一个 CUBA 桂冠，完成了从零到一开创历史的光荣任务。

2018 年清华女篮卫冕 CUBA 总冠军，马嘉莹（左六）在领奖台上和队友合影

比赛之外，马嘉莹也很重视队伍内部的情感建设。当队长的四年里，每逢年底她都会在比赛间隙和节假日组织一次队内团建活动，让大家放松心情、敞开心扉，既能帮助新队员更好地融入集体，也能让大家稍作休整、调整状态，为即将到来的期末周和冬训做好准备。她表示，团建活动和感情联络在增强队伍归属感和凝聚力上起着至关重要的作用，希望这个传统能一直延续下去。

本科毕业后，马嘉莹进入清华大学社科学院攻读硕士学位，同时依然以师姐的身份参与女篮的日常训练。平时的对抗分组中，她常常会和大一的"小朋友们"分到一组。"小朋友们"因为入队时间不长，对队伍的体系、打法、风格特点都不太熟悉，需要一个成长的过程，训练中不免出现失误和问题，马嘉莹也时不时会化身为

"严厉师姐"，抓得狠、追得紧，她说："我们的队训是'不等不靠、主动担当'，大一的同学们即使年纪小也要勇于承担重任。""严厉师姐"的初心，是希望师妹们快快成长，为这支她曾守护过的队伍创造新的成绩。

马嘉莹（4号）在赛场跳球瞬间

女篮队长和经47班班长的经历让马嘉莹充分认识到集体的重要性，而成为辅导员，则是马嘉莹在清华的又一程，这一次，她成了九字班所有经体生[1]的"大姐姐"。作为第一届女篮特长生，在马嘉莹入学之初，女篮之前的队员还是B类特长生，队里的师姐分散在各个院系，她一直很渴望能够获得同系师姐的指导。"我很遗憾在最初迷茫的日子里浪费过很多时间，少做了很多事情。"因此，当看到新的师弟师妹不断来到清华园，马嘉莹希望能以一个过来人的身份给他们一些帮助。观看全班同学不同体育项目的训练，积极和带队教练交流，不断跟进了解每一位同学独特的情况和想法，在约饭谈话时有针对性地提出一些意见和看法，这都是她最日常的工作；在松懈散漫时给予鞭策，在遭受打击时给予鼓励，在迷茫

① 经体生，即经体班的学生。经体班，是指经济管理学院工商管理专业体育特长生班。

徘徊时指点迷津，她始终以师姐和辅导员的姿态为师弟师妹们排忧解难、保驾护航。

篮球是快乐的运动，体育是一生的追求

在球场拼搏十几年，马嘉莹已经和篮球这项运动紧紧联系在了一起。“篮球让我感到十分快乐”——这种快乐来自集体、来自队伍、来自身边的所有队友。无论比赛是输是赢，大家始终团结一致、并肩前行。她说，在体育上取得的成绩并不会有所谓“高处不胜寒”的感觉，因为每一支队伍、每一个人的成功都需要一个团队的配合、支持与鼓励，集体的紧密感渗透在训练乃至生活的方方面面，这种集体带来的快乐让她对篮球、对体育更加坚持。

马嘉莹(4号)比赛瞬间

进入大学以后，马嘉莹在清华浓厚的体育氛围中学习了马约翰教授的《体育的迁移价值》，深刻地体会到篮球不仅仅是一项运动，体育的意义也不仅仅是体能和竞技水平的提高，更在于运动员身心的全面塑造和对社会的正面影响。本科毕业后，她毫不犹豫地选择进入清华大学社科学院体育学专业继续深造，在学习的过程中，马嘉莹对体育有了更进一步的认识。对她来说，体育不只是

一项快乐的运动，更是一件有意义的事情，是值得为之付出的事业。她希望让不了解体育的人明白，体育生并非传统刻板印象中所说的“头脑简单、四肢发达”，他们有着属于自己的人格魅力和独特的意志品质，她希望能够把体育当中有价值、有意义的东西传播出去，用体育精神感染更多人。

马嘉莹在 CUBA 退役仪式上发表感言

马嘉莹也在用实际行动向我们诠释着她心中的体育精神。去年，经体八字班的辅导员位置空缺，没有合适的人选，已经担任了九字班辅导员的马嘉莹毅然挺身而出、临危受命，同时担任两届经体班辅导员。同年，马嘉莹以陕西天泽俱乐部球员的身份参加 WCBA 联赛，同时担任清华大学体育代表队第三党支部书记。那段时间，她一直在北京和陕西之间来回奔波。年底时，队伍集训正好撞上了支部举行发展对象的预审会，在训练任务已然非常繁重的情况下，她担心新换届的支委不熟悉发展对象情况、耽误后续发展，连夜赶回清华为支部的同学们审核、修改材料。她认真负责、专注投入的精神和干一行精一行、干一行爱一行的态度，也从球场贯穿到生活中。

在未来，马嘉莹希望继续在体育事业的道路上奋斗下去，让更多的中国青年了解体育、爱上体育，为实现体育强国培养人才，同时也用“体育的迁移价值”去影响更多人，用体育人的人格魅力、意志品质去感染更多人，让体育的光芒不仅仅闪耀在赛场上，而是散落到社会的各行各业，进一步辐射影响更大的范围。

马嘉莹（右）在世界大学生运动会上与队友合影

又红又专，全面发展

作为身处全国最高学府之一的体育特长生，马嘉莹和她的伙伴们不仅仅要打比赛、出成绩，还要在专业课上搞好学习，在思想上武装头脑、追求进步。“两条腿走路”“又红又专、全面发展”，正是她 7 年清华生活的真实写照。

马嘉莹的另一个身份是党支部书记。提起入党的事情，她显得格外自豪：“我在 2017 年十九大召开当天成了一名光荣的预备党员。”进入大学后，在“又红又专”理念的感染下，年龄刚满，她就递交了入党申请书，最终在大四成为了一名正式党员。谈及入党动机，马嘉莹表示，作为一个广东孩子，她亲眼见证了改革开放给祖国和家乡带来的巨大变化,感受到了中国共产党执政的优越性,因此从小就非常认同党的理论。进入大学后,她渴望能够获得优秀组织的引领,也在不断思考自己能为这个社会贡献什么。她坚定地相信,中国共产党拥有持久而强大的战斗力,能够带领中国人民不断向前迈进。

马嘉莹代表中国参加世界大学生运动会

马嘉莹对于运动员入党的问题也有着自己的看法——是否入党是个人的选择,但都应当树立一颗爱党的心。“当你不了解它的时候,你要去认识它;当你不理解它的时候,你要去学习它。”作为运动员,不能把对自己的要求仅仅停留在只要“运动成绩好”就够了,党、国家和社会都在进步,运动员也要不断学习、不断进步。她表示,党提出来的许多目标与我们的个人发展都是非常契合的,青年人要把个人的发展与党和国家的事业结合在一起。

做到“又红又专”之余,马嘉莹也在努力“全面发展”。当问及在平衡专业学习、队内训练、社工活动、辅导员工作等方面的经验时，她给了我们一个很朴实也很真诚的回答："什么时候该做什么就做什么。"在马嘉莹看来，经体班同学的时间表非常规律，基本都是上午上课、下午训练，想要平衡好各方面，关键在于做每一件事的时候都要保持高度专注，自觉与自律是不变的制胜法宝。在马嘉莹眼中，全面发展的意义不仅在于自己掌握了多少技能，更是锻炼自己的学习能力，把学习当作一项永不贬值的投资，为投身于体育事业充实自我、做好准备。同时，全面发展也能打破体育生"头脑简单、四肢发达"刻板印象，当别人问到"体育能够带给你什么"时，回答就不仅仅是"赢得一场比赛"而已了。

马嘉莹生活照

从女篮的"大姐姐"，到经体班辅导员，再到体三党支部书记，马嘉莹在钟爱的体育事业上以不同的身份贡献着自己的力量，也在这个过程中更加认清心中所想与所望，面向未来坚定前行，迎接属于她的灿烂多彩的人生。

清华国标队：一群人和一支舞的故事

文　宋娜萍 赵雨晴

在这里发现自己不一样的侧面，在这里找到辛苦浇淬出来的幸福，在这里确定人生的又一重价值。回望来路，遇见国标舞，无论是心心念念、一往无前，还是机缘巧合、惊鸿一瞥，在旋转挪移中慢慢确定心之所向——这是一群人和一支舞的故事。

清华大学学生艺术团国标队

夺冠“院校杯”对抗赛

2021 年 5 月 4 日，清华代表队在中国国际标准舞总会“院校杯”公开赛中夺冠。两对摩登选手和两对拉丁选手，12 轮比赛、87 分的总成绩，这是 8 位选手交出的冠军问卷。关于夺冠，代表队队员苏显棋说："我们的想法很简单——把最好的一次呈现留在赛场上。"

疫情之前的2019年对抗赛,清华国标队的成绩是全场第二。面对疫情后重启的对抗赛,"有了两年的成长,最起码要超越自己上一次的水平",是拥有两次对抗赛经历的队员晋远、林琳的参赛预设。而对于多次参赛的赵晓晨来说,一次次与冠军失之交臂,让这次对抗赛夺冠意义非凡:"从2018年我第一次代表清华参加名校对抗赛,到今年已经是第四次了,身边一起比赛的队友换了又换,对冠军的渴望好像也逐渐演变为希望替大家弥补遗憾的使命感。值得庆幸的是,我能够在最后一次参加对抗赛时去实现这个梦想。"

"院校杯"对抗赛清华大学代表队

从得知比赛重新启动,到队员们找视频、扒动作、练套路,进行精细化、个性化的打磨,每一对搭档为了总共不超过三分钟的舞蹈,整个准备过程长达三个月。在这三个月当中,日常训练、每一对搭档单独的加练、同老师的一对一小班指导,各种练习纷至沓来。"我们刚开始是每周加练两三次,到最后比赛临近几乎天天都见。"第一次出战的拉丁组选手张译文如是说。

这次对抗赛,清华代表队派出的队员既有入队时间不长的新队员,又有在队超过十年的元老级队员。人员构成如此特殊的队伍依然保持了稳定的高水平状态,一个很重要的原因便是不断拥抱新生力量的加入,同时也保持稳定的老队员储备。"所以我们总能优中选优派出强有力的阵容。”王春阳如是说。此次参赛阵容中的王春阳在还是小队员的时候就被推选参加了对抗赛，从初时的紧张，到经过无数次磨炼后作为经验丰富的老队员站在赛场上的坦然，王春阳说：“国标舞的比赛不仅是竞技体育，更表达了一种对生活的态度，一种敢于乘长风、破万里浪的态度。”

对于参加“院校杯”的队员们来说，代表学校出战意味着这是一次需要认真对待的对抗赛，可是从舞蹈交流的层面来说，这更多是一场友谊赛。比赛设计了一个特殊的环节，在公布成绩前，大家要邀请其他学校的舞者一起在舞池中共舞，共同探讨、共同进步，队员们纷纷表示“这是一个十分愉悦、酣畅淋漓的交流过程”。

蒙楼 103 的日常

这次对抗赛的胜利，只是清华国标队历史中的一个小节点，有更多队员把自己的热爱倾注在日常的赛事和演出里，蒙楼 103 的日常，熏染出这个队伍某种相似的精神特质。

在这里的每一个队员，都按照清晰的成长路径接受循序渐进的培养，从学员队到二队、一队，他们从零基础开始，慢慢尝试不同风格的舞种，慢慢巩固自己的基本功，慢慢加深对于舞蹈的理解，不断找寻自己在国标这条路上的最终的答案。有些人最后选择了专攻某一个舞种，有些人还在不断尝试、不断拓宽自己的边界，但当被问到这个队伍，这样一段经历带给自己的收获，他们给出的答案却又高度地相似：可能性、幸福感和归属感。

进入清华园，每个人都会遇到一群同自己志同道合的人，尽管这意味着你不再是那个出挑的、独特的存在。但是加入国标队，相当于赋予了自己平凡的生活另外一份可能性——“我们能够将自己从日常思考的严谨逻辑中择出来，用感性去进行一种艺术化的表达”，国标队队员曹宇轩这样形容国标队的生活。遇见国标，在或轻松跳跃、或缠绵摇弋、或典雅庄重的歌声中起舞，他们的周身似乎都在熠熠生光。

日常训练

有队员说，在国标队跳舞的感受往往不是一个简单的快乐能够概括的，因为即使抱有极大的热爱，队员们也会在不同的阶段经历大大小小的曲折。但对于队员们来说，只有经历平台期的彷徨和痛苦，密集排练期时内心的紧张和烦躁，获得进步、得到肯定时的快乐，对于某个细节顿悟之后的惊喜，才能在这种五味杂陈中感受到国标这样一个体育舞蹈的魅力所在——而这，被队员们称为“复杂的幸福感”。

除了自身的热爱，当被问及一路走来不曾放弃的原因，队员们提到最多的还是这个队伍的凝聚力——这是一个一群纯粹的人汇聚在一起简简单单跳舞的地方。每个人都在老队员的帮助下、在同届队员的相互扶持中慢慢变得成熟，不知不觉之间，国标队的生活就成为了学习之外的绝对优先级。大学致力于开发每个学生身上的独特的个性，同学间异质性很高，所以在百花齐放的园子里能找到一群志趣相投、相随相伴的人是一件格外幸福的事情。

国标之外，无限可能

国标舞已经成为了不少队员生活中不可或缺的一部分，但在舞蹈之外，大家的选择依然有无限可能。

参加过五次超算竞赛，获得四次冠军，以一作和二作发表 2 篇相关论文——看到这些经历时，人们或许很难将计算机系大四的赵成钢和国标舞联系起来。零基础加入国标队的他，在这里接触到了专业学习之外另一种“精打细算”的生活方式，也提高了时间管理的能力。大一的时候，他每天晚上 7 点到 9 点练习两个小时的舞蹈，9 点到 11 点半再到清华学堂自习，即便在考试周也是如此。“跳完舞之后学习两个半小时，能带给我一种神清气爽的感觉。”随着学业压力的增大，赵成钢也曾被迫放弃参与演出的机会，但在学业和国标舞之间，他始终“没有放弃其中的任何一者”。

国标队员赵成钢

张笑寒是清华 2013 级博士，现在在国际组织任职。她当过模特，也做过宋慧乔的舞蹈替身，曾入选 2016 年中华小姐，过去一年还成为了拥有 70 万粉丝的短视频博主。但无论是学习还是工作、无论在清华还是在国外交流期间，她都没有放弃过国标舞的练习。在美国交流学习时，她抱着“回来时不能比同届队员差”的心态，在国外坚持找老师上课，意外获得了极大的提升，并将新的舞蹈知识带给了更多队员。“跳舞跟世界上很多东西不一样，你只要付出就一定会有回报。”在她看来，自信比外表更重要：“如果你去爱自己、觉得自己很美的话，你就会特别美，虽然听起来很鸡汤，但事实确实如此。”做博主后，她发现，“如果我更喜欢自己、认可自己，我在镜头前的状态也会变得更好，别人也会这么觉得。”

在蒙民伟楼103房间，大家总能见到舞伴们相约加练的身影，他们中也有不少人在国标队的情感建设中收获了爱情。建筑学院博士四年级的晋远和林琳现在是队里的摩登舞老师，更是被很多人羡慕的“模范情侣”。大四下学期两人成为情侣后，林琳从晋远这里接触到了国标舞，并花了一年的时间努力训练，顺利升入一队，成为了晋远的舞伴。

国标队员林琳、晋远（从左到右）

对国标舞舞者而言，沟通是极为重要的。“作为情侣，可以更好地吵架，”林琳笑着说，“因为在共舞关系中，发现问题并沟通解决非常关键，有效的沟通可以提升练舞的效果。”这个学期，因为要筹备“院校杯”对抗赛和专场演出，两人“周末假期几乎没怎么出去，一直在考虑多跳舞、提升业务水平”。在科研之外，舞蹈已经成为了这场校园恋爱中“生活的一大部分”。

时隔两年，专场重启

由于疫情等原因，距离国标队的上一次专场演出已经过去了两年。为了迎接6月6日的“追・Chassé”专场演出，从毕业老队员到刚刚入队一年左右的二队队员，国标队几乎全员出动，早早开始准备。

去年暑训结束后,表演双人舞的队员们就开始了漫长的筹备和训练,而几个集体舞节目也已经排演了一个学期。5 月 29 日,他们进行了专场表演的终审。"经过疫情一年,大家其实都很想跳舞,从心情上说肯定是更期待一些,"现任支书邵文沁说,"从节目效果来说,队里几乎动用了所有的资源,投入也非常多。"

你的大学生活是怎样的?"忙碌"或许是每个清华人共同的答案。学业、社工、实习、科研、艺术……在清华,大多数人不得不在这几者中做出取舍。对很多国标队成员而言,一个纯粹因热爱而凝聚起来的集体,或许是一个难得有"归属感"的存在。"累并快乐着""痛苦但幸福"——在被要求用一句话概括国标队生活时,几位队员们不约而同地给出了相似的答案。

九字班的张渊沫坦言,来到清华之后,从前在各自学校里备受关注的佼佼者们就像鱼被扔进了大海,每天骑车走在学堂路上的时候,她时常会感到迷茫,"不知道自己在清华跟别人有什么区别"。

但在站到舞台上的那一刻,她终于也可以享受属于自己的高光——"我是独特的,我也是能发光的。"

孙虹：与真实影像共同成长

文　王金鹏

• 孙虹　清华大学新闻与传播学院2019级博士生

2006年，孙虹考入清华大学新闻学院。2010年，本科毕业后的孙虹继续攻读硕士学位。2019年，孙虹重新回到了清华大学新闻与传播学院，开始她的博士深造。

孙虹

第一次听说孙虹是因为一部纪录片——《手机里的武汉新年》。这是一部由清华大学清影工作室与快手联合发起的首部手机抗“疫”公益纪录片。

孙虹是影片的导演之一。

短片上线后反响出人意料得好，微博上累计播放量超过3 900万，很多评论直言“泪目”“看哭了”。还有不少热心观众留言称，希望能够志愿帮助把这个片子翻译成各个语言的版本,除了英语之外还有日语、德语、越南语等等。

全片时长 18 分钟,呈现了疫情期间武汉人民真实的生活状态。正如孙虹所言:“如果说遗忘是人类的天性,我们希望能够通过影像去对抗遗忘,去温暖世界。”

与影像结缘

孙虹和影像的结缘,发生在很早以前。

最初,或许只是一个夏天、一档节目、一个抱着电视看的小孩。她用“朴素”来形容她当时对影像的兴趣:“小时候老爱看电视就是一个很朴素的兴趣。”直到 2006 年,孙虹怀揣着对影视的兴趣进入了新闻学院。

硕士研究生毕业时,孙虹(右)与导师的合影

当时的新闻学院建院不过四年,很多事情仍在不断的探索之中,其中就有清影工作室。清影工作室是由清华大学影视传播研究中心的教师、学生、校友构成的,致力于影像制作、传播、研究的团体。工作室的创立者之一,雷建军老师,后来是孙虹的硕士和博士生导师。

新闻学院的本科专业并没有细分，同学们在不断的尝试中探索自己感兴趣和擅长的方向。对刚入本科的孙虹来说，这个方向是影像；在经过本科的学习之后，这个方向就更明确了，那就是纪实影像。

她对纪录片的喜爱，很大程度上要归因于学院的影视制作及其他相关课程。“其实影视传播也可以拍虚构或者其他的类型，”孙虹说，“但纪录片里有一种真实的东西，很打动人的东西，让我希望成为一名纪实影像的工作者。”

想要更加理解真实的影像

孙虹拍摄的第一个纪录短片叫《小春》，是她2008年影视制作课的作业。时值汶川震后，影片关注了一位因地震被母亲接到北京读书的四川孩子小春，展现她到北京后如何适应新的学校环境并与同龄人交往。这部短片也是第一次“清影放映”的影片之一。

在学院课程之外，孙虹还是清华电视台学生记者团（THTV）的成员。大四的时候她和伙伴们一起制作了一部系列短片《然后就没有然后了》，“专门调侃清华理工男们的不解风情”，孙虹笑着回忆道。

2011年4月，孙虹硕士一年级，正值清华百年校庆，她发起拍摄了一部纪录片《百年一日》，用校庆日的整整一天跟拍了六位清华同学，其中既有校庆晚会的主持人、舞蹈演员，又有校庆志愿者、团委工作人员，用镜头记录了清华学子如何度过校庆这一日，为百年校庆留下了一份鲜活而民间的影像记忆。

2012年，孙虹和THTV里其他同学共同完成了当年的毕业电影《敢不敢》，讲述的是青春校园里临近毕业的四个男生的故事。当年6月29日，《敢不敢》在清华大礼堂首映，现场座无虚席。“就连二楼都有人，”孙虹回忆，“当时作为导演，其实内心又忐忑又澎湃，大概是这种感觉。就好像，所有青春的热情和对影像的热爱，都在这个时间点暂时地画上了句号。”

可以选择以影视作品替代学位论文毕业，是孙虹硕士研究生时出台的新规定。她的毕业作品叫《飞鱼秀》，讲述的是中国国际广播电台的一档节目《飞鱼秀》的故事。毕业之后，这档节目还在继续播出，孙虹在工作的同时也在继续完善自己的作品。在雷老师和师兄们的共同帮助下，《飞鱼秀》(2014)最终变成了一部纪录电影，在 5 个城市的商业院线上映，尽管规模不大，但这是孙虹的纪录片第一次真正地直面影院的观众，也是清影工作室对纪录电影的初次尝试。

《飞鱼秀》电影海报

硕士毕业之后，孙虹回到了家乡上海。没有进入主流媒体工作的她选择了一份 500 强企业的市场部门工作，做了两三年，萌生了退意。

“我当时陷入了一个比较难受的处境，”孙虹说，“我觉得每天自己做的都是一些重复的事情，丧失了创作的快乐。”她希望能回到原来专业的状态，不断地获得新的信息，不断地认识这个世界，并且不断地提升自己。

当时恰逢《飞鱼秀》上映，在导师的介绍下，孙虹认识了一些媒体从业者，其中一位就是业内知名纪录片人、上海纪实频道原总监干超。在他的介绍下，孙虹去了上海纪实频道工作。没多久，又进入了频道旗下新成立的子公司——云集将来传媒从事商业纪录片的创作，这一做就是三四年。

在云集将来，孙虹参与导演了纪录片《本草中国》(2016)，后作为系列纪录片总导演执导了《本草中华》(2017)，两部纪录片都是中医药题材，都排在了地方卫视的黄金档播出，也都取得了良好的口碑。这是孙虹的蜕变期。如果说刚刚走出校园时孙虹的创作手法还略显生涩，那么经过这几年的磨砺，孙虹在影视创作上具有了一定的经验，对商业纪录片的模式和体例有所把握，也能较好地带领团队完成整部片子的创作。

本草中国 (2016)

导演: 干超 / 郑波 / 许盈盈 / 许贞 / 孙虹 / 张英杰
类型: 纪录片
制片国家/地区: 中国大陆
语言: 汉语普通话
首播: 2016-05-20(中国大陆)
季数: 1
集数: 10
单集片长: 40分钟
又名: 老药工
官方小站: 踏入中医药的神秘国度

豆瓣评分
8.6
5496人评价
5星 49.0%
4星 36.3%
3星 11.6%
2星 1.7%
1星 1.1%

本草中华 (2017)

导演: 孙虹 / 袁博 / 许贞 / 刘跃
类型: 纪录片
制片国家/地区: 中国大陆
语言: 汉语普通话
首播: 2017-09-03(中国大陆)
季数: 1
集数: 6
单集片长: 38分钟
又名: 本草传

豆瓣评分
8.7
4110人评价
5星 50.4%
4星 37.7%
3星 10.4%
2星 0.6%
1星 0.9%

《本草中国》与《本草中华》在豆瓣上都获得了较高的评价

2018 年，孙虹选择回北京考博，做出这个选择的理由与先前那次选择并无二致——她想有一些新的、其他类型纪录片的尝试，同时也希望能够沉淀自己。在无数个可选项中，她做出了自己的决定。

“对我来说,读博是一个继续提升自我和认知世界的过程。我觉得自己应该去读更多的书,做更多的研究,以不一样的视角理解媒介、理解纪录片、理解真实影像。”对于为何选择回到学院继续深造,孙虹这样说道。

现在的孙虹是2019级新闻学院博士研究生,而她执导的最新作品叫《手机里的武汉新年》。

手机里的武汉新年

《手机里的武汉新年》又名《千里共江城》,是由清华大学清影工作室与快手联合发起的首部手机抗疫公益纪录片,导演孙虹、付曼菲,全片由来自77位快手用户的112条短视频制作而成,全长18分钟,呈现了疫情期间武汉人民真实的生活状态。

2020年,也是孙虹本科毕业的第十年;这年年初,一场出乎所有人意料的疫情暴发了。同学们散布在祖国的天南海北,在国家的号召下自觉地在家隔离。在疫情形势最为紧迫的时候,孙虹几乎时刻关注着疫情的发展,不时地浏览相关的新闻和短视频。

有一条短视频深深击中了她。视频是在夜里用手机拍的,颗粒感很重,画面上是小区里一栋一栋的高楼,映着万家灯火。零星、嘈杂的声音此起彼伏,又逐渐地汇集而清晰起来,是很多人的呐喊声。

“武汉加油!”“武汉必胜!”

孙虹说,她记得视频里还有一些人开始清唱《我和我的祖国》,“我的眼眶一下子就湿润了”。她去快手上找了很多当天晚上的视频,发现很多人都不约而同地用手机记录下这一瞬间,那些歪歪斜斜又晃晃悠悠的画面,原来记录的是同一件事。孙虹突然意识到,短视频在无数个普通人之间搭起了某种联系,似乎能让人获得力量,用以对抗未知和恐惧。那一刻,她灵感迸发。

“如果我们不能去到一线的话，那我们能够以什么样的方式去为这样一个特殊的社会时期，特殊的社会现实来做一些什么？”于是，孙虹在清影工作室的在校生群里发布了招募的信息，组成了一个 20 人的创作小组，将这些独特而珍贵的手机纪实短视频汇集起来，创作成了一部真正从民众中来的纪录片——《手机里的武汉新年》。

云校庆沙龙上的孙虹分享她的战“疫”故事

“如果说遗忘是人类的天性，我们希望能够通过影像去对抗遗忘，去温暖世界。”这是孙虹发起这次创作的初衷，希望以纪录片的形式，将碎片化的信息编织起来，将感人至深的瞬间凝固下来，展现这座城市背后，由无数普通人汇集而成的能动容时光的人性。

对孙虹来说，这部影片不光是用专业知识为抗击疫情做出贡献，还是她对于 UGC(User Generated Content)纪录片的一次尝试。

“或许在未来，纪录片的拍摄可以不仅仅依靠专业人士，每个人都可以用自己的手机成为生活的记录者，”孙虹说，“这样的内容同样具有打动人心的力量。”

张启路：摆脱名次束缚，过程推动结果

文　吕淑敏 杨文旭

• 张启路　清华大学经济管理学院 2017 级博士生

2015 年，张启路在加拿大女王大学交换学习

高中时被老师发掘田径天赋，在各类比赛中一路凯歌，但这个将自己定位成“半个运动员”的普通生，在竞技体育上也经历过挫折，经历过打击。她不断改变自己的心态，最终不仅在体育方面取得新的突破，在学习与社工方面也获得了不断的发展。

跑步于她，是另一个故事。

“天赋型”少女的竞技体育之路

虽然已经在校内的各种比赛中都取得过非常出色的成绩，但事实上，张启路的竞技体育之路却没有很长。在高中时期被学校的体育老师发掘，“身体素质还不错”，开始进行训练之前，张启路没有接触过竞技体育，当时的她，宛如白纸一张。

被发现自身具有的天赋后，张启路开始跟随高中体育老师进行相关训练。凭借自身在田径方面的一点点先天优势，这个北京女孩开始参加包括首都高校田径运动会等在内的各项比赛，并屡屡斩获佳绩。

进入清华之后，张启路又自然而然地凭借着高中时积累的丰富参赛经验和自身天赋，加入了院学生会体育部，并代表院系参加学校“马约翰杯”100 米比赛。本来以为凭借自己的能力赢得这场比赛绰绰有余，但事情总是出人意料。

预赛成绩第一的张启路本以为稳操胜券，却在决赛之中遗憾输给了一位篮球二队的同学。

虽然第二名已经是不错的成绩，但是对于冠军拿到手软的张启路来说，这样的结果无疑是当头一棒。

现在回忆起当年的比赛，张启路仍然可以清楚地回忆起自己当时的诧异与不甘：“我就想，为什么会发生这种事情，觉得自己高中时候基本一直都是第一，我就从来没有拿过第二。”

心态转变，开始科学化训练

在与第一失之交臂之后，张启路在与前辈们的交流以及自己的不断反思中，逐渐改变了自己过去浮躁的心态。

“我开始转变自己的观念，从一定要盯着第一，慢慢地转为进行专业化、科学化训练，进而达到一个好的身体状态。”

这样的心态转变让张启路不再过度关注比赛结果,而是将过程放在第一位,将过程科学合理地进行了拆分。正如张启路所言,“跑步这件事情,不再是单纯的上了跑道就开始狂冲,而是‘把它科学化地分解’的一个过程,并尽全力地去完成拆分后的每个过程”。

心态的转变以及科学化的训练使得张启路的体育成绩取得了新的突破。她从100米、200米的比赛转战更适合自己身体条件的400米比赛。而在参加自己原本并不熟悉的400米比赛前,她充分根据自身特点,在与专业人士的交流探讨中设定了契合自身节奏的训练计划。

她将训练计划分解为每天具体的训练任务,并尽力完成自己设定的训练目标。在她的规划之下,每项训练任务中的各个环节也均按照科学的步骤有序进行,甚至具体到了每次的训练程度以及拉伸时间。同时她把400米切分为几个阶段,“前200米大概是一个什么速度,后200米大概是一个什么速度,和你跑200米的时候相比大概的速度(应该是多少)。”

为了有好的训练效果,张启路甚至会在训练的后期专门安排一个人站在200米的位置,帮助她记录前半程的速度,以方便她对自己后200米的速度进行调整。

2017年“马约翰杯”万米接力比赛

在比赛中,她更是将训练的内容进行灵活应用。张启路在比赛时会不断进行思考自己每一步的行动,“第一步,在准备起跑的时候,我就要想平时起跑的时候是怎么练的;而中间的200米处、100米处,在保持速度的时候,我又要考虑是怎么样去把步子迈大,我要怎么样去让自己整个动作保持协调,等等”。

就这样,在每一个步骤都科学化地进行之下,张启路的400米成绩取得了良好的进步。甚至每次400米比完,她都不会有别人那种“特别累”“跑完以后都要吐了”之类的感觉。

而在比赛结束之后,她发现自己也不会再过于纠结比赛的名次,不会让情绪对自己造成较大的冲击,而是更加理智地总结在比赛中的不足之处,“知道自己要不就是训练没有到位,比如说起跑不够,或者是跨栏的时候腿抬得不够”。

“我会很清楚自己的毛病在哪儿。”就这样,在反思之后,张启路往往会对自己之后的训练过程进行更加深入的规划与思考,主动请教他人,进而针对自己出现的问题进行更加科学有效的训练。

正是这样科学合理的安排,让连续六年代表经管学院参加校园马杯比赛的她,不仅多次获得女子100米栏、200米、4×100米接力、4×400米接力冠军,甚至还在2017—2018学年度“马约翰杯”田径运动会中克服赛前轻微拉伤的小意外,凭借沉着的心态夺得女子400米冠军,并刷新了学校纪录。

那些体育带给我的别样收获

张启路的社工履历相当丰富,收获也颇丰:曾担任校团委青研中心主任、经管学院团委书记、副书记,校团委文体部副部长、清华大学学生职业发展指导中心辅导员,曾获清华大学社会工作优秀奖学金,清华大学优秀共青团员、优秀学生干部、优秀学生干部标兵、“一二·九”优秀辅导员郭明秋奖等荣誉。

而不过度关注结果、将过程科学合理地划分、每一步都尽力做好的思维,不仅体现在张启路的竞技体育之路上,同时也对她的学习和社工都产生了潜移默化的影响。

2018 年“马约翰杯”田径运动会赛后合影

在组织经管学院“一二·九”合唱的过程中,张启路直言,自己同样是一种先将终极目标进行切割的思路:“第一步,是要找到一个好指挥;第二步,是思考怎么样能保证有足够多的同学愿意来,之后再往下分解,就是时间上是不是合适,同学们的意愿是不是足够高;第三步,在组织主题活动的时候,要怎么样去找到一个好的合作伙伴,如何在发扬‘一二·九’精神的同时,将活动主题、内容、形式变得更新颖,最后的答辩中又怎样去把答辩材料准备得更好,过程完成得更顺畅;最后一步,比赛当天,怎么样去保证同学们能有一个最好的状态。”

就这样每一步都稳扎稳打,张启路和战友们一路带领经管学院最终成功夺取了那一年的“综合一等奖”。

她真挚地表示:“我一直都非常认同马约翰先生所说的体育具有的迁移价值。一个人做事的风格其实是一脉相承的,不可能说你在体育这一块是一种做法、是一种做事风格,换到其他地方就完全变成了另外一种做事风格。”

“所以它们相互之间存在必然的影响,所以像这样的体育的迁移价值,将会在你的各方各面,在科研学习的各个领域,都不断地渗透进去。”

在清华,张启路的成长故事并不是个例,她和每一个晨光熹微或是暮色降临之时,都还奔跑在校园里的人一样。体育增强了他们的体质,更磨砺了他们的内心,引导着这群热爱奔跑、热爱体育的人更加积极地拥抱生活、拥抱阳光、拥抱梦想。

留守清华的志愿者：爸妈，今年过年我就不回来了

文　甘雨丰 张兆函

这是一次特殊的春节。

疫情反复，一批同学做出留守清华的决定。

他们在实验室和宿舍间往返，穿上红马甲值守在学生公寓，在31号楼弹琴，在西湖冰场滑冰。

2021，他们在清华过年，“充实而规律”。

清华学堂

我在清华园过年

这是自疫情反弹以来，杨馥坤在学校的第36天。

早上8点，她按掉闹钟起床洗漱，原来每天都会遇到相熟同学的洗漱间此时只有她一个人。她的室友都先后收拾行李，戴上口罩踏上了回家的路途。在原有的计划中，杨馥坤为自己找了份寒假实习工作，已经联系好的实习单位在她一门期末考试结束后来电，遗憾地告诉她因为疫情暂时无法安排她的工作。由于疫情反复不定，她和家人决定最大程度降低风险，留在学校度过这个寒假。

这是她在清华园里的第一个春节。

放假后的这段时间，杨馥坤发现一个不错的去处：31号楼的学生活动中心。杨馥坤每天醒来就从宿舍出发，吃完早饭直奔31号楼，完成惯例的体温检测后，推开活动中心的门。

春季学期杨馥坤选修了德语（三）的课程，上午这段时间她主要用于回顾本科学习的德语内容，整块的时间十分适宜用来重温语言学习。学期中她给自己列了很多想读的书籍清单，现在她找到了阅读这些书籍的时间和空间，往往一看就是一下午。杨馥坤晚上给自己安排了运动时间，活动范围仍是这片学生活动中心。

春节假期中，仍有不少同学在图书馆北馆自习

在清华，这样的学生活动场所还有许多，遍布在各个学生宿舍区域。假期以来，学校图书馆的关闭时间提前到下午5点，从上午

7点半一直开放到晚上10点的活动中心成为留校人的“心头好”。杨馥坤常驻地除了自习室,还有安置了跑步机的运动区,热门时段四台跑步机运转的同时还会有同学在一旁排队等位。她在学生活动中心待着的时间里,钢琴房总会传出黑白键的乐声,而在午休时段,这里又会回归原本的平静。在这片小小的空间里,在影音房、钢琴房、自习室、乐器房和瑜伽房里,一个个留校的同学在这里读书,在这里练习,在这里挥洒汗水。

杨馥坤说,她很喜欢这样规律的生活,也很感激学生活动中心在假期的维护和开放。一周之中,她还会为自己安排一两次滑板练习,在篮球场附近的马路上找到一块光滑的路面,假期人流量的减少让她的训练更易开展——爱好在人群散去的校园里悄悄发光。

晚上7点的气膜馆依然一票难求

赵吉哲的家在河北。

在河北疫情反弹的高峰期,赵吉哲和父母做出了留校的决定。第一次留校过年的她没有体会到自己想象中可能面临的孤独,在实验室有留校的师兄师姐,在宿舍楼她慢慢发现同楼层留校的同学,隔壁好朋友的陪伴更是让她没有了任何失落感。

在导师安排的学习任务之外,赵吉哲开始约朋友一起去气膜馆打羽毛球。“气膜馆的热门时段和往常一样难约。”原以为假期会轻而易举约到的场馆实际却和学期中一样受到同学们的积极追捧。由于疫情的缘故,清华大学今年假期留校学生数量达到新高,备受欢迎的羽毛球场馆气膜馆热门时段仍然“一票难求”。赵吉哲和朋友错开高峰期预约,一个星期里给自己安排了近半个星期的“气膜馆见”,运动激发的多巴胺让她找到留校的乐趣。

一周前,带班助理在班群里发了一则关于寒假校园志愿活动的通知，赵吉哲报了名。一周后，她作为南区12号楼的学生楼长正式上岗，开始了志愿服务工作。

数完这栋楼所有的钥匙

寒假劳动体验志愿服务活动于1月28日正式开始，赵吉哲和其他第一批志愿者将要奔赴各自服务的岗位开始首轮服务，苏若尘也在其中。

作为活动负责人，苏若尘想到所有的岗位进行体验，在他看来，这次志愿服务既是一次充实的劳动体验，也是一次自我教育的机会。

赵吉哲（站立者）在楼长办公室接受培训

校内的劳动体验活动岗位设立了学生社区中心的学生楼长、宿舍保洁员，校医院的核酸检测点位、收费大厅、检验报告打印的引导和辅助，之后又陆续开放了东门和东南门站岗工作以及几个片区以步行为主的夜间巡逻工作。

周四，南区12号楼的楼长带着赵吉哲和另一名学生楼长志愿者进行岗前培训。针对楼内楼外的细节工作，楼长都进行了演示和一一讲解，赵吉哲开始关注楼道内的各类安全出口灯是否处于正常状态，开始关心没人的宿舍电闸有没有拉下，开始细致检查盥洗室的地面、水槽和顶灯。

每一处曾经习以为常的细节，都成为了她现在的工作内容，下午轮岗的她在楼内一层层巡查，关掉了每一顶日照充足环境下还开着的灯，坐在楼长室里帮助维修同学登记，为忘记带卡的同学开门。

在这里，赵吉哲完成了一次身份互换。

苏若尘也在同一天上岗，他参与的第一个岗位是学生楼长。他和同行志愿者把紫荆公寓14号楼所有宿舍的钥匙进行核对与登记，在服务台给同学们办理借还钥匙、报修等事务。

苏若尘也参与到楼内的保洁岗，与保洁员一道清洁公寓楼道和公共活动空间。清理卫生的墩布很重，身体还算强壮的他发现，冲洗墩布和清洁过程远没有想象中那么轻松，他真切地感受到，对于多达14层楼的紫荆公寓14号楼来说，公寓卫生维护起来不是件易事。

北京的冬日，寒风最为冻人。往常刮大风的时候，赵吉哲和每位匆匆前行的同学一样，希望赶紧停好车，跑进宿舍暖暖手。现在每逢刮大风，她却要往相反的方向前行，和曾经每位裹紧衣服跑出门的楼长一样，扶起被大风刮倒的车辆——这份工作和培训时说的一样“每天的工作都很琐碎，但线上线下24小时都不能离开人”。

在这里轮了两天岗的赵吉哲注意到很多曾经未重视的安全隐患，她决定开学后一定要给室友强调这些曾被忽略的细节。

下周，她在志愿者项目里报名了校医院的值岗——她对这份新奇的志愿活动充满了期待。

赵吉哲在寒风中扶起倒下的自行车

周末也开放核酸检测

杜亚男参加轮岗的工作和苏若尘相当，在短短的几天里他将已经开设的志愿服务岗也几乎都体验了一遍。假期常在郸架轩学习的他报名了下午的志愿者。

周四上午的第一次志愿服务杜亚男轮到学生楼长岗，下午则在校医院进行核酸检测的引导服务。第二天上午他参加了保洁岗，下午又出现在校医院。

志愿服务活动的充实，让他原本三点一线的假期校园生活有了改变。

他和赵吉哲一样巡查宿舍楼，和保洁员一起打扫大厅、擦拭电梯、打扫厕所，以前想都没想过的工作在这次志愿活动里一次性全部达成。

在校医院的分诊台处，杜亚男负责维持医院秩序；在核酸检测的服务点,他又负责引导同学挂号和打印报告,同时还要负责告知大家最新的报销政策和随着校医院工作安排变动的检测地点。

在这里,他不仅看到需要服务的同学,更见到了许多老教师与家属。一人独自来看病的老人往往不想麻烦志愿者,杜亚男也会在力所能及之处给予尽可能的帮助。

校医院内的留守志愿者

周六上午,苏若尘前往校医院参加志愿服务。刚到门诊大厅,就听到争执的声音,他赶紧上前维持现场秩序并了解事情缘由。原来,核酸检测由自费改为公费后,因政策改变,校医院暂未开放周末检测服务。苏若尘马上进行沟通,在和相关负责人协调后,校医院开放了周末部分时段的核酸检测。而在这现场志愿服务之外,苏若尘和同伴们及时地推出相关资讯,便于校内师生了解核酸检测最新安排情况。

在服务同学这件事上,苏若尘和各位同伴走在第一线。

我想加入,请问还有机会吗

给紫荆 17 号楼的学生楼长志愿者送马甲时,紫 17 的保安说起楼内有其他同学也想加入志愿服务,苏若尘便留下了自己的电话号码。

果然,刚回到宿舍,苏若尘就接到同学的电话,当即鼓励同学加入到志愿者团队中来。看到大家参加劳动体验志愿服务的积极性,他觉得自己的工作得到了认可。

苏若尘和其他负责人一起筹办了本次“做志愿,暖寒冬”活动,一方面及时发布服务岗位信息,另一方面也为志愿者搭建一个沟通社群。志愿服务开始的第一天,志愿者群里的同学们就开始分享经验和收获,针对服务过程需要注意的问题展开讨论,同一志愿服务岗位的同学也开始相约作伴。

在这里,大家找到更多志同道合的伙伴,这让苏若尘感到很快乐。

留守志愿者接受培训

紫荆四楼的辣子鸡

段三山是一位带班德育助理,在这个特殊的节骨眼上,他也毅然选择了留校。

一百多位同学的进出校审批,离校离京手续,各类学业、心理和生活问题,还有数十位因为各种原因将留校过年的同学,都是他坚定自己留下来过年想法的理由。

上大学以来,段三山只在本科一年级的时候享有过完整的寒假,此后的寒假最多只能在家待上一半时间,各类社工和学业安排让他早已习惯这样的假期节奏。

在学校这段时间,他在为下学期的论文开题做着准备,但同时带班助理的工作一直是根紧绷的弦,任何一位同学发来微信消息,打来语音电话,甚至敲响宿舍的门,段三山都会第一时间响应,给他们答复和需要的帮助。

学期结束前,段三山和同学们一起回顾这学期的学习生活,希望帮助初入清华园一学期的学弟学妹解决问题,更好地融入这里。那天,他特意强调寒假期间的电信诈骗问题,没想几天后就有同学上门咨询一起关于"淘宝刷单"的诈骗信息。

他的存在,把这些箭全部挡了回去。

每天晚上,段三山都会预约陈明游泳馆里的健身房,"我好像找回了以前的自己"。学期中各类繁重的学习和工作让他少有时间能够规律生活,假期自我调控度的提高让他重新开启11点睡觉6点半起床的健康生活,从上午8点开到晚上9点半的健身房也成为他的常去处。

最近他挖掘出自己的一个新兴趣,开始在宿舍研究自制健身餐。每次健身回到宿舍后他会打开视频网站,在搜索栏输入"宿舍懒人健身餐",然后用自己提前做好功课购买的熟食鸡胸肉、蔬菜、水果跟着视频一步步地做着沙拉,家里寄来的牛肉也成为了他的食材之一。

学期中百分之九十都在丁香园就餐的段三山,终于在这个假期完成了自己的一个愿望:把紫荆四楼所有的川湘菜都吃了一遍。

这里面他最喜欢的一道菜,是重庆辣子鸡。

第N次与第1次

入夜，徐纪初散步后回到了寝室，开始挑选起为长辈准备的“年货”，希望在不能回家过年的情况下尽到自己的心意。

和段三山一样，徐纪初也习惯于只过一半甚至更短的寒假，直到年前才回家，疫情却让他第一次决定留在园子里过年。

“过年是一件很有仪式感的事情。”阖家团圆，走亲访友，拜年祈愿，是期盼了一年的、十分重要的事。然而，他的家乡在江西，当地返乡人员须隔离十四天的政策，让父母主动提出他不必回家。考虑到2020年已在家中度过了八个月，徐纪初选择了留下。

打开购物网站，琳琅满目的商品令徐纪初挑花了眼。给长辈的礼物，既要“上得台面”，又不能“过于铺张”——他第一次认真研究起了化妆品，最后给母亲挑选了一支洗面奶，并在多方搜索之后给父亲买了一盒茶叶。给奶奶和外婆的年货却犯了难，但联想到老人健康和家庭方面的需求，徐纪初最后决定给奶奶送一份杂粮，给外婆送一个坚果礼盒。选完了给长辈的年货，他也开始准备零食，收拾宿舍，迎接新年。

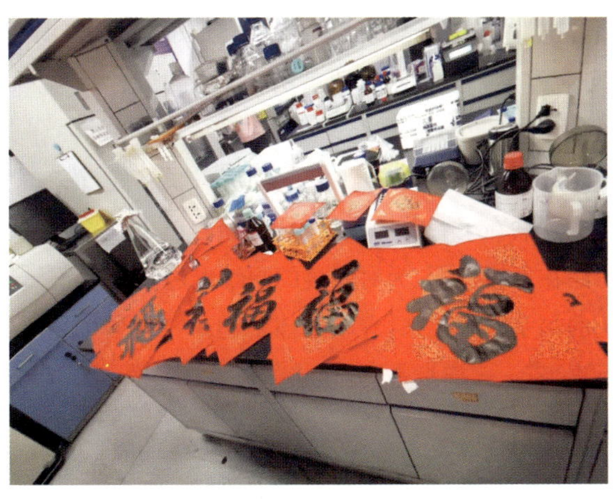

红彤彤的“福”字

材料学院的徐纪初将于 2021 年 6 月毕业,而后接受“深耕计划”的培养。留在园子里的他坚持去北馆自习。假期里,图书馆里依然有着零星地还在学习的同学,“像考试周快结束时那样”。

徐纪初阅读文献,随时与实验室里的师兄师姐交流,为之后的实验进行铺垫。因为不用面对各种各样的截止日期,他能自在地想一些事情,比如“务虚”地思考着他负责的社工的发展方向,也做一些事情,比如增加去清芬园旁学生活动中心锻炼的频次,可以放肆地掌握生活,真诚地生活。

“君子慎独。”徐纪初如是说。

他身边的朋友也渐渐过起学期中难得一见的“朝九晚五”的规律生活,却也有他室友这样仍坚持在实验室工作到深夜的同学——代价是早上起不来。徐纪初收了室友 100 元,与他约定“叫早”,如果室友能按时起床,徐纪初便拿这些钱请他吃早饭。在许多同学、朋友离校后,留在学校的同学见面多少有些“原来你也在这儿”的惊喜。

教学楼、部分食堂和“七港九”奶茶店渐渐关闭,徐纪初准备在图书馆和清华学堂继续自习。他也报名参加了核酸检测后备志愿者活动,为可能的全员核酸检测时刻准备着。下午 5 点,徐纪初和高中好友约定一起跑步。他总会一边跑步,一边打一通相隔 1 400 公里的语音电话,有时开着中学时代的青涩的玩笑,有时可能聊些深奥的人生哲学,还有时电话就只是挂在那里,听着风声和呼吸声。

订购的春联和饰品终于到货。窗花一联五式,徐纪初根据室友的特点分别贴在了室友的衣柜上,留给自己的是“步步高升”,多余的一份贴在了窗户上,为对面楼的同学也送去祝福。

红色的福字贴了起来,春联也挂了起来,“喜居宝地千年旺,福照家门万事兴”——横批是“五福临门”。

志愿者在写春联

结语

随着春节的临近，不能回家的杨馥坤准备和父母视频跨年。

家在安徽的苏若尘也打算给父母打去电话，而赵吉哲每天饭后的时间都用来给父母打电话，虽然见不到面，但便捷的网络已经帮助她消解了很多思念。实验室的师兄回家前写了“福”和“春”字，赵吉哲在办公室贴了一副，还有一副贴在了宿舍门口，“感觉我的宿舍是整个楼道里最有年味儿的”。

杜亚男在邺架轩买了一些春联和清华的装饰纪念品，准备寄回家。

段三山的室友离校前专门写了一幅“福”字，他和赵吉哲一样把这幅字贴在了门口。在家里已经调试过电视连接电脑的操作，他想通过腾讯会议和父母家人一起过年。

徐纪初还在想着如何“云上守岁”,眼前已经和朋友“线上连结”,讨论着正在热播的《山海情》。

即将在园子的这餐年夜饭,杨馥坤和段三山最想念的都是一桌热腾腾的火锅,和在家过年时一样。

CHAPTER

04

第四章

万 悃 矢 忠

单思思：战“疫”到底，科研报国

文　单思思

• 单思思　清华大学医学院 2015 级博士生

“早一秒拿到抗体，就能多一分战胜新冠的把握”

新冠疫情暴发以来，单思思已经连续工作 200 余天，在科研战“疫”一线争分夺秒、攻坚克难。单思思所在的张林琦教授课题组，在疫情暴发之初就迅速组建了新冠科研攻关团队，刚放假回家一天的单思思第一个报名参加，收拾行李，日夜兼程赶回实验室投入工作。2020 年除夕之夜，在举国团聚、欢度新春佳节的时候，她也只是和家人简单地通了一个电话，就又立即投入研究工作。她说：“作为一名研究生党员，在祖国和人民有需要的时候就要站得出来、冲得上去，以‘硬核’成果降服病魔，维护人民的生命安全，青年科研工作者责无旁贷，早一秒拿到抗体，就能多一分战胜新冠的把握。”

2020 年除夕之夜，单思思在实验室度过

如果把病毒进入细胞的过程比喻成钥匙开锁,单思思和团队成员所要做的就是解析病毒与细胞结合时(钥匙开锁瞬间)的结构和相互作用机制,从康复患者的血清中筛选出能够成功阻断病毒进入细胞的抗体来进行治疗药物的研制,同时根据解析的结构和评估的抗体反应来进行疫苗设计。

2020 年春节假期的晚上,医学楼里张林琦教授实验室的灯总是亮到很晚

加入疫情科研攻关团队以来,单思思每天都“泡”在实验室里,生产抗体、检测抗体功能、进行动物实验,上千次的重复实验操作,24 小时“连轴转”成了她的工作常态。“志不求易者成,事不避难者进。”在无数次的失败后,单思思和团队成员成功解析了病毒与蛋白结合的关键结构,分离和评估了 200 多株抗新冠病毒的单克隆抗体及其编码基因,并在动物实验的基础上开展了人体临床试验。

2020 年 3 月 2 日,习近平总书记到清华大学调研新冠肺炎疫情科研攻关工作。单思思向习近平总书记汇报演示了新冠病毒抗体的酶联免疫吸附实验。当习近平总书记询问科研攻关工作是不是由博士生承担的,单思思自豪而坚定地答道:“是的!”

单思思（右三）与老师同学进行新冠课题讨论

单思思在进行点晶体的实验

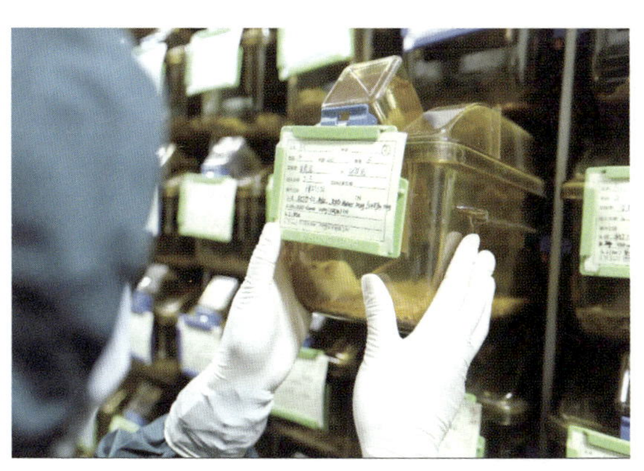

单思思在清华动物房做动物实验

考察期间,习近平总书记指出:“人类同疾病较量最有力的武器就是科学技术”。单思思牢记总书记“广大青年生逢其时,重任在肩”的谆谆教诲,立志要把论文写在祖国大地上。作为一名科研攻关的“战士”,单思思依然在继续努力工作着,运用科学武器,为尽早战胜新冠病毒继续奋斗!

张林琦课题组新冠科研攻关团队合照(右二为单思思)

“我想让更多的科研成果走出实验室”

在单思思心中,科学工作者另外一项很重要的使命就是把创新成果从实验室推向实际应用来造福大众,把前沿的科学知识传播给大众。学业之余,她担任《医疗健康》课程助教传递专业知识,通过走访地方疾控中心了解艾滋病患者的生活,通过参加 SDG (Sustainable Development Goals,可持续发展目标)挑战赛开启产学转化之路。

她在清华大学《科学企业家》《健康中国——产业领袖》等课程项目建立之初,便积极加入第一批博士助教团中。她积极运用专业知识和对领域发展的了解,同老师们一起设计课程框架、撰写行研报告、进行课程小结。面对大多数学员没有医学背景的实际情况，单思思认真备课，用更通俗易懂的语言、生动有趣的图片将专业知识讲述得深入浅出，得到了课程创办者的积极评价："单思思是《科学企业家》课程博士助教团中令我印象深刻的一位。她不仅有坚实的学科基础，在助教的一系列工作中，对自我要求很高，非常勤奋努力，充满热情。在和企业家学员交流分享的过程中，内容专业、语意清晰、表现得体，获得同学们一致认可和好评。"

单思思还参加了以联合国可持续发展目标为主题的开放创新马拉松挑战赛，而最终将参赛的项目主题定为"艾滋病治疗中的用药依从性"，则源于她对初心的坚持。她带领团队在 24 小时内完成了一个项目从无到有的全过程，并最终斩获了清华—日内瓦大学社会创新交换项目奖学金。越来越多的人在她的启发下开始关注艾滋病，她有些自豪地说："科研成果不应该是实验室中冷冰冰的数据和论文，而应该成为改善生活质量、提高生活水平的有力工具，我想让更多的研究成果走出实验室，我还要为着这个目标继续奋斗！"

单思思（左二）参加第一届 SDG 创新马拉松挑战赛

作为一名新时代的青年学生，单思思牢记总书记的教诲，坚持"在学思践悟中坚定理想信念，在奋发有为中践行初心使命"，立志要把个人的理想追求融入国家和民族事业中，把保障人民群众生命安全和公共健康作为自己毕生的事业和追求，矢志用青春告白祖国！

黄尔诺：清华让我懂得爱国不需要理由！

文　黄尔诺

- 黄尔诺　清华大学苏世民书院 2018 级硕士生

我是黄尔诺，出生于中国香港。尽管父母都没有高中毕业，但是他们深信教育的力量，一直支持我探索一切可能的学习机会。2018 年，我非常幸运地申请上苏世民书院，如愿走进了清华园。

清华大学苏世民书院 2018 级硕士生开学典礼
（二排左二为黄尔诺）

“行胜于言”的选择

我上次回家见到父母，还是 2019 年的暑假。当时我带领了一批清华国际留学生到香港进行社会实践，我们与香港首任行政长官、现任全国政协副主席董建华先生和现任行政长官林郑月娥女士进行了深度对话交流，帮助同学们加深对“一国两制”的理解。

黄尔诺带领留学生团队与林郑月娥女士(左)和董建华先生(右)的合照

但是，在香港实践期间刚好遇上了“反修例”风波，回望那一年多时间里恐怖主义和外部势力的破坏性影响，至今仍心有余悸。那个不平凡的暑假，所有香港人都陷入保持沉默还是积极发声的两难抉择——作为一名清华人，我选择了“行胜于言”。

2019 年 9 月份开学后，我申请加入了清华大学国旗仪仗队，立志成为一名护旗手。从未参加过军训的我不了解仪仗队面试的考核标准，所以我特意向有经验的苏靖轩、刘哲铭、苗培壮等同学请教学习基本动作要求，还借齐了全套迷彩训练服，想要以最好的步姿表达自己的决心。高强度的刻苦练习之后，加之王琳、芦由等同学的帮助，我顺利通过了国旗仪仗队的严格考核，非常荣幸地成为学生国旗仪仗队自 1994 年创队以来第一位中国港澳台队员，也是第 26 届国旗仪仗队中唯一一名研究生。

2019 年 12 月，为响应国家号召，在中联办法律部部长、清华大学法学院前院长王振民的指导下，我与陈贵和博士以及几位清华港澳研究生一起成功创立了清华大学学生粤港澳大湾区发展协会，希望可以讲好新时代的大湾区故事、中国故事。

左：人生首次穿上军装，在清华主楼前训练
右：黄尔诺(左)偶遇苏世民书院创始院长李稻葵教授

“自强不息”的要求

在清华大学国旗仪仗队期间，我获益匪浅。无论是在天安门超近距离观看升旗仪式，还是作为代表参加庆祝澳门回归20周年升旗仪式，再或者是前往新疆喀什地区的小学开展爱国教育冬令营和小升旗手培训，这些丰富经历让我越发理解了“自强不息”的清华精神，越发感受到作为中国人的骄傲与自豪。

左：前往位于新疆喀什疏附县明德小学参与“国魂铸梦”活动
右：红色主题冬令营和支教活动

在这些丰富活动之余，我秉持追求卓越的信念，始终以严格的标准要求自己。作为一名来自香港的清华学生，我积极开展了“一国两制”、香港基本法、港区国安立法等主题讲座，希望通过自己的一点努力让更多的人了解香港，支持香港，共同探索香港未来的发展方向。疫情暴发后，我自愿申请返校，在清华大学中央主楼前执行了返校第一天的出旗任务以及随后的日常升降旗任务，在毕业前圆了旗手梦。另外，我还荣幸地被选为 2020 年清华大学毕业典礼的升旗手，在各位清华师生前展开了五星红旗。

担任 2020 年清华大学毕业典礼的升旗手

回首 2020 年，每周的训练成为我生活的主题。清华大学国旗仪仗队一向以高标准、严要求著称，严格的训练要求、精准的动作规范、日复一日的早晚训练使我更加珍惜这宝贵的机会。每一秒的训练对于我都是学习与体悟——在升旗仪式上与数百人同唱国歌，看国旗缓缓升起的场景，仿佛就是国家崛起的象征，我的内心受到了极大的震撼，难以名状的自豪感油然而生。每周的训练、每天的升旗仪式体现的是对祖国的敬仰、一种爱国的情怀，和作为一个中国人的担当。

30 岁的我被中央广播电视总台邀请作为 2020 年国庆栏目《三十而立》的主角之一，我希望能一直走下去，永远年轻，永远激情，永远守护着那面鲜红的国旗！在这里，我希望最真诚地感谢武装部和国旗仪仗队为我打开了非常独特的清华生活，认识自我的旅程。

作为在清华大学就读的香港学生,我前所未有地体会到了自己和祖国间千丝万缕的联系——我与祖国血脉相连

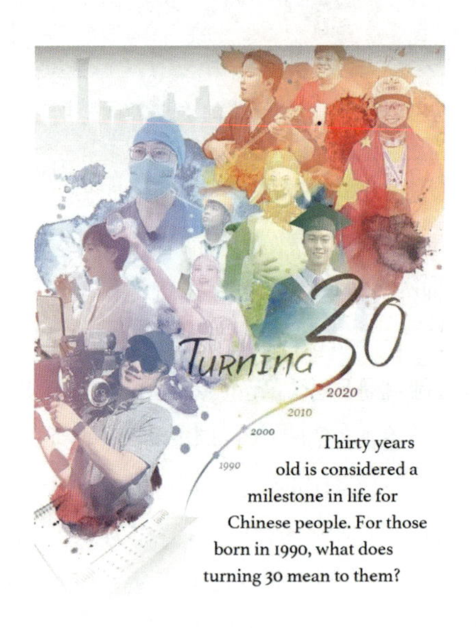

被中央广播电视总台选为国庆纪录片《三十而立》的全国十位青年代表之一

“厚德载物”的责任

2018 级研究生的我一开始就对在线教育非常感兴趣，希望终有一天可以利用科技将优质的高等教育资源带到中国和世界的各个角落，培养更多人才推动社会和国家的发展。一场突如其来的疫情不仅将本是非常冷门小众的研究方向完全主流化，还打乱了我本来出国读博深造的计划。但我非常庆幸毕业后有机会留校工作，在终身教育处负责推动在线教育的国际合作和学术研究发展。

2020 年，我特别感到荣幸的是，在终身教育处邓丽曼老师、汪潇潇老师和国际处汪晖老师的指导下，我代表清华大学主持了近百场、超过 50 多小时的国际对话和交流，其中包括主持了由清华大学、联合国教科文组织国际工程教育中心及学堂在线联合举办的“新冠疫情下的大学在线教育及展望暨全球大学在线教育云分享”系列活动，来自全球高校和国际组织的 33 位专家进行了主题分享，共计 5.6 万名国内外院系代表观看了共约 10 小时的 4 场分享直播。

主持由清华大学和联合国教科文组织教育信息技术研究所主办的世界慕课大会首个分论坛，超过 2 万个机构、近 100 万师生报名参会

教育对外开放是教育现代化的鲜明特征和重要推动力，我们要以习近平新时代中国特色社会主义思想为指导，积极向国际社会贡献教育治理中国方案、中国智慧、中国模式，扩大教育国际公共产品供给，深化与重要国际组织合作，推动实施联合国《2030年可持续发展议程》教育目标。因此在清华迈向世界一流大学的进程中，清华人更需要拥抱"厚德载物"的文化和责任，给予没有机会的人更多机会。

毕业后我会谨记在清华工字厅那块牌匾上的"为人民服务"

爱国，不需理由需担当

最后希望分享三个体会。2019年国庆电影《我和我的祖国》带给了我新的感动。影片中讲述1997年香港回归的《回归》一章中有这样的台词："154年来，我们再不能多等一秒。"当时我感动到热泪盈眶，这句话令我念念不忘。在那一瞬间，我体会到了国家不能再受欺压凌辱的愤慨，也因为这句话我听到了那种融于血脉的共鸣，真正体会到了同胞之亲。因为过往经历和行动，我常被问到为什么我那么爱国。我觉得爱国并不需要理由，因为这是自己的国家，自己所归属的地方，我们天生就对她有着无法割舍的爱。就像我参与国旗仪仗队去自愿护卫国旗一样，虽出于好奇但坚持下去更多的是因为一种盼望，是一位游子盼望着用炽热的心意去实现报国之志。为伟大的祖国感到骄傲和自豪，早上听到国歌、看到五星红旗迎风飘扬是一天最完美的开始！爱国不需要理由，维护国家安全、护卫国旗、报效国家更是每位清华人的使命、每位中国人一生的担当！

荣幸登上 CCTV 新闻联播，代表赴内地求学的香港学生
发表对于《港区国安法》的支持

另外一点让我印象深刻就是在由清华大学统战部安排的展览参观上，我看到了南开建校校长张伯苓在开学典礼上曾问学生的三个问题：“你是中国人吗？你爱中国吗？你愿意中国好吗？”这三个问题是历史之问，更是时代之问、未来之问。回想在香港发生的动荡，那时刻身在国家博物馆的我不仅陷入沉思，有多少香港人，特别是青年人，对这三个问题的答案是与我一样的：是！爱！愿意！

在 2019 年 12 月，我随清华大学国旗仪仗队赴澳门参加庆祝澳门回归 20 周年的京浙澳大学生文艺晚会。在当天的晚会上，我不禁热泪盈眶，我真切地盼望终有一天清华大学国旗仪仗队，也可以前往香港特区为庆祝回归祖国进行共同升旗仪式。

清华大学国旗仪仗队赴香港参加大学生文艺晚会

走进清华园之前，我希望能多了解我的祖国；在清华的学习生活不仅加深了我对中国文化、人民、社会的了解，更重要的是，清华赋予了我新的使命：我学会了作为一名中国人的担当和责任。祖国万岁！清华加油！

在清华学堂路和紫荆操场的“无上荣光”“一生担当”宣传海报

经求是：护国旗之信仰，寻科学之答案

文　经求是

• 经求是　清华大学材料学院 2020 级研究生

新冠病毒肺炎疫情期间，清华大学做出“延期开学、如期开课”的决定。2020 年 2 月 17 日是新学期如期开课的第一天，在空荡荡的校园里，经求是和另外两名同学组成的三人临时旗组承担起了新学期第一次升旗的任务。疫情肆虐，挡不住清华园里国旗照常升起。

经求是（中）带领的国旗护卫团队承担升旗任务

既熟悉又陌生的任务

大一时，经求是加入了清华大学学生国旗仪仗队，之后的两年半,沐朝露、伴夕阳,守护国旗和他的大学生活紧紧交织在了一起。

2020 年上半年,新冠病毒肺炎疫情突如其来,仪仗队的所有队员都无法返校。已经完成在队护旗任务、退队一年半的经求是主动请缨,再次扛起了鲜红的国旗。对他而言,在疫情形势最严峻的时候重新执行升旗任务,困难重重——出旗的礼服需要临时从武装部的仓库里“凑”,新外套搭旧内衬、旧外套搭新内衬,试来试去勉强“凑”出三套尺码还算合身的礼服。

开课当天,经求是和队友一起站在了曾经无比熟悉的主楼门前,但令人意想不到的是,因为佩戴口罩,下口令时候眼镜蒙上了雾气——经求是和队友就这样开始了一场惊心动魄的、“半盲式”的升旗仪式。

从迈下主楼台阶,到齐步正步,再到挂旗、解旗、抛旗,经求是只能靠着余光和直觉执行每一个动作。凭借着在队期间扎实的训练基础,他才最终圆满完成了任务。

经求是(左一)在开学第一天升旗仪式上抛旗

为表达全国人民对抗击新冠肺炎疫情斗争牺牲烈士和逝世同胞的深切哀悼,国务院决定于 2020 年 4 月 4 日下半旗、举行全国性哀悼活动。从未执行过的下半旗仪式任务落到了经求是和他的搭档的肩上。大礼堂的旗台呈钟形,升降旗需要站在梯子上、把整根旗绳在两个铁环之间反复穿插缠绕才能保证旗绳稳定，一套流程下来至少需要 5 分钟。但是，为了配合上午 10 点全国统一的防空警报和默哀，这次降半旗仪式中升旗手在降半旗后必须在 15 秒内固定旗绳、下梯子并到旗台边肃立。为完成这个任务，经求是和搭档一起研究了一下午，尝试了登山扣、钥匙扣等工具，终于想出了用挂锁来固定旗帜的“土办法”，分秒不差地完成了任务。

经求是承担清明祭扫“清华英烈”纪念碑的礼兵任务

太阳照常升起

自 2 月 17 日开学之后的每一天早晨，经求是都骑着自行车穿过校园的小道。微风穿过空空的大楼，校园里寂静又空旷。

“大家放心，只要有我和我的搭档在，我们就可以把国旗守护好，守护到大家平安回来上课的那一天。”经求是在开学第一天这样说。从 2 月 17 日开始的 180 多天里，经求是负责的校内升旗组坚持每天升降旗，无论遇到暴雨、风雪还是沙尘暴，从未间断。作为仪仗队老队员，他主动承担起帮助大家快速适应升旗流程的重任。为了保证国旗的正常升降，经求是每天都会来到主楼前，从升降旗速度到绑绳方法，一遍遍地重复，只是为了确保新搭档们能圆满完成每次任务。在他看来,升降旗是一个简单而神圣的任务,是清华园在疫情时期克服困难坚持开展的无数工作中平凡又极富有意义的一件事。

在线上授课的2020年春季学期,党委武装部每周一会组织各个院系同学通过腾讯会议线上观看升旗仪式,旨在通过这样的形式,将被疫情阻隔在五湖四海的同学们凝聚在一起,振奋人心,传递力量。

2020年春季学期的线上升旗仪式

渐渐地,疫情形势逐渐好转,一切都在趋于正轨,每周一的升旗仪式,也成了经求是不平凡生活中平凡的“日常”。“敌军围困万千重,我自岿然不动。”每日清晨,国旗伴着太阳照常升起,清华园里的学习、科研等各项工作也都照常开展——疫情阻挡不了清华人自强不息的前进步伐。

“当一件事需要大学生群体挺身而出时,我们责无旁贷。”除了升降国旗的工作,经求是还和其他留校的同学一同参与了清华大学热血战“疫”无偿献血、就餐卫生宣传导引等志愿服务活动。自强不息的清华精神,在经求是那段不平凡的毕业季时光里熠熠发光。

经求是在六字班毕业季期间的日常升降旗

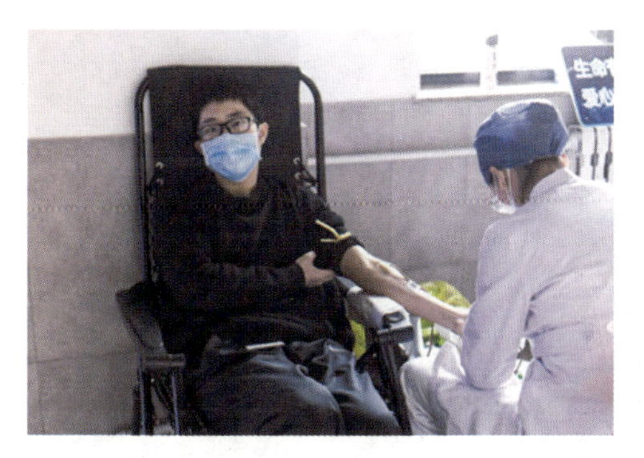

经求是参加清华大学热血战“疫”无偿献血

“向科学要答案要方法”

经求是所在课题组的研究方向是基于纳米材料的传感应用。疫情期间，留在学校的经求是一边完成原定的毕业设计，一边在导师指导下独自开展病毒检测传感相关的科研工作，并作为海报作者线上参加国际学术会议。

春寒料峭，空无一人的实验室的寂寞，实验过程屡屡受挫的懊丧,全国停工停产造成的耗材紧缺,被国外课题组抢发文章的失落,对于年轻的学者来说未尝不是一种锻炼。

2020 年 3 月 2 日,习近平总书记在北京考察新冠肺炎疫情防控科研攻关工作时强调“向科学要答案、要方法”。经求是和其他清华师生深受鼓舞,以更饱满的热情投入科研工作中。3 月下旬,清华大学第 38 届“挑战杯”学生课外学术科技作品竞赛开通了“疫情专区”补报名通道,经求是以作品“基于场效应原理的 COVID-19 抗体/抗原电子传感器”报名并最终获得一等奖,相关成果也与广东松山湖材料实验室、Canon 医疗等机构合作,继续推进产业转化,以期为应对新冠肺炎疫情等突发性公共卫生事件提供快速准确的检测技术。

清华大学第 38 届“挑战杯”科展上经求是(右一)向校领导介绍作品

一年有余,国内疫情形势已总体平稳,经求是也从本科生成长为研究生,开始了新一阶段的奋斗。学堂路上,每当经求是骑车经过主楼回望高悬在旗杆上的那抹鲜红时,他不会忘记那段不平凡岁月里的每一缕朝霞、每一个清晨。正是因为有像经求是一样坚守在各个岗位上的清华人,疫情期间的清华园,从未改变过自强不息的姿态。

罗芙蓉：用高阁上的知识，做田野间的学问

文　罗芙蓉

• 罗芙蓉　清华大学美术学院 2016 级本科生

四年光阴，一半给军旅，一半给田野。

生在泥土地里的她，曾遍访京郊 6 所农民工子弟学校，也曾远赴广西玉林山区支教。她曾果断投身于火热军营，"戎"归校园后，又再次踏上扎根泥土的田野调查之路。罗芙蓉，一位来自清华大学艺术史论系的学子，从教育扶贫到军旅磨炼，再到田野调查，她用信念践行着自强不息的承诺，用脚步丈量着家国情怀的尺度。

清华大学艺术史论系学生罗芙蓉

从国家级贫困县走向清华大舞台

“教育是防止贫困代际相传最好的办法之一。”四年前，罗芙蓉通过努力从国家级贫困县考到清华，实现了改变命运的第一步。从那时起，她开始思考怎么才能通过教育防止贫困代际相传，影响或帮助更多像她这样的人。于是，她加入了清华大学学生教育扶贫公益协会和书脊支教团，经常利用周末的时间做支教，到很多地方与小朋友面对面交流，参加各类教育扶贫公益论坛——渐渐地，她对支教有了更加深刻的认识。

图为罗芙蓉(右一)深入广西玉林山区支教场景

2017 年暑假，罗芙蓉独立组织了一次赴广西玉林山区的支教活动并担任支队长，在山里驻扎了一个月，为孩子们带去艺术、体育和科学课程。这段经历带给她很多思考，让她明白随着互联网的普及，孩子们不是接触不到外面的世界，而是错失了很多对成长有益的事物——这些事物在学识之外，本应来自父母和老师潜移默化的影响。

从清华走向部队大熔炉

在支教之外，罗芙蓉也在思考着另一个问题：自己上大学、考清华的意义在哪里？不上大学、不来清华，她仍然有能力去教那些学生。那么，自己的独特价值在哪里呢？

正当这些问题困扰着她的时候，一次偶然的机会，她选择了参军入伍。在部队的两年，罗芙蓉认识了来自五湖四海、不同社会阶层、不同受教育程度的人。但很多个夜晚，她都还在思考入伍前的那个问题——为什么上大学？为什么选择艺术史论专业以及自己能用所学专业做些什么呢？

罗芙蓉（左一）在部队训练的场景

于是，“戎”归校园之后，罗芙蓉开启了自己的追寻之路。从参加工艺作坊、探访遗址古迹，到横扫北京博物馆以及赴日开展文化交流活动，她一直在文化调研的路上摸索着、奔跑着，直到遇到清华大学西南濒危项目的赵丽明老师，遇到神秘的白马藏人，她才知道“什么是自己最想做的接地气的学问”。

从高阁走上云端古寨

2020 年暑假，顶着疫情的压力，罗芙蓉在赵丽明老师的带领下来到了海拔近 3 000 米的埗崾古寨，来到了那个白马祖先为了躲避战乱灾害而挑选的世外桃源。在那里，她和支队成员们以田野调查的方式深入白马山寨进行抢救性寻访调查,翻译整理了当地居民的语言以及原始文献图符,首次发掘了数本羊皮古卷,并撰写了相关的学术专著书稿、数篇田野调查笔记和调研报告,在当地引起了十分广泛的社会影响。

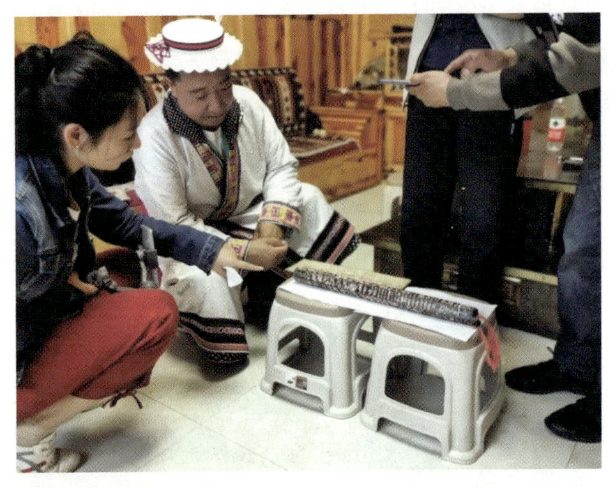

图为罗芙蓉(左)在实践地调查的场景

谈及社会实践的意义,罗芙蓉说道:“对于人文学者来说,我们可能无法像理工科的学生那样给当地带来实实在在的物质经济效益,但我们愿做社会文化记忆最忠实的记录者和书写者,这同样是最有价值、最有意义的事情之一。”

前路漫漫,罗芙蓉没有停下脚步。目前,她已加入第四期清华大学“江村学者”计划,希望在未来对白马藏族造物艺术进行更加深入的研究调查。“社会实践让我们有更多的机会和视角走近基层、关注社会,也让我们真正得以用高阁上的知识,做田野间的学问,真正能把论文写在祖国大地上。”

马俊：在实践舞台上坚守初心，做清春贡献代言人

文　陶天野 杨沁丰

• 马俊　清华大学经管学院 2019 级本科生

“大家好！欢迎来到直播间！我是清华大学‘清春联播’实践支队的支队长马俊，今天为大家带来内蒙古通辽市当地的农产品……”

这是马俊在第一次做助农直播时说的开场白。她不会忘记，2020 年 8 月 14 日晚上，当她和小伙伴们坐在直播间，拿着精心挑选的助农产品，面对打光灯和手机镜头，是怎样的紧张与兴奋。

其实，虽然马俊的脚步已经踏及中国西南、东北、华北，也曾触及遥远的意大利，但每一次实践对她而言，都是既紧张又兴奋的旅程。对她而言，每一次实践都是一次受教育、做贡献、报家国的契机，她在其中植根乡土、守望初心、砥砺担当。

植根乡土：在调研中受教育

从云南、到东北，再到四地联动，马俊坚持去最基层的地方开展调研、接受教育。17 岁那年，当她去到有 13 个少数民族聚居的云南边境贫困县调研的时候，孩子们贫困、闭塞的生活境遇和背后的民族构成、历史渊源、文化差异等结构性因素，让她真切地感受到中国是一本怎样厚重、复杂又深刻的书。读懂这本书没有捷径，

只有深深植根乡土才能找到答案。“我希望我能做个像费孝通先生那样,裤腿上永远沾满泥点的人。”马俊说。

在云南边境耈街乡深山的村子里开展调研(左四为马俊)

在调研中,马俊深入了解社会,发现真问题、寻找真答案。2020年暑假,她带队聚焦农村电商精准扶贫主题。经过调研,他们发现电商精准扶贫的途径呈现多元趋势,农业产业结构也在优化升级,农村电商也面临着新的挑战。通过前往贫困地区参观、访谈、街访并亲身体验,支队对这一模式有了全新的认识。

守望初心:在实践中做贡献

在最基层的地方看到最真实的困难后,马俊就一直在寻找做出改变的方法,让青春在脱贫攻坚中闪光。

2020年5月,当得知陕西省金米村靠电商脱贫致富时,马俊眼前一亮,心中蕴藏已久的扶贫想法终于盼来了契机!暑假里,在马俊的倡议下,一群志同道合的小伙伴一拍即合,迅速成立“清春联播”支队并组成了北京、黑龙江、吉林、陕西4个小分队,分赴当地贫困县开展公益助农直播,在贫困地区推广普及电商脱贫模式,让更多的贫困户搭上脱贫致富的快车。

“克服一切困难是值得的。”马俊说。支队成员们跟农户一起,研究直播受众需求、反复打磨产品介绍和定价。没有专业的直播团队，就自己从头学起，发布预热推送及视频，争取更多流量支持……

“清春联播”在直播推广内蒙古、河北的扶贫产品（左一为马俊）

在马俊心中，让这个世界因为她的微薄贡献而有一点改变是实践最大的魅力。6 场直播，累计观看量超过 50 万，点赞数超过 20 万，成交额 4 万多元，全部收入归贫困当地所有。当看到直播弹幕上满屏的鼓励话语，看到工作人员忙碌打包发货时，马俊格外充满干劲，她和队员们甚至比当地农户还激动！这就是实践最大的魅力，所谓做贡献，不在于数字的大小，而在于数字的背后凝结了怎样的初心、经历了怎样的付出、带来了怎样的改变。

砥砺担当：在创新中报家国

马俊还致力于在更大的舞台上讲好清华实践故事。她的实践日记发表在《人民日报》上，支队的故事也被《中国青年报》、学习强国等各大主流媒体报道,扩大了社会影响力,也影响更多清华人和她一起投身于青春报家国的行列。2020 年 9 月,马俊还跟乡村振兴工作站云南南涧站开展了一场联合直播,展现脱贫攻坚中的清华力量。

为了带来更大改变,马俊相信实践、理论、学术研究相结合的力量。她带领支队在调研报告中梳理了六大电商助农模式,还总结了 6 条现存问题及建议,为短期助力尚未摘帽地区完成任务、长期促进乡村振兴提供理论依据和政策建议。

多年来,马俊持续关注基层中国,也努力为其做出持续的改变。目前,她正在"志愿中国"上立项,成立大学生直播助农联盟,将这一实践形式规范化、体系化,以汇聚更大规模、更加持续的扶贫力量。

从乡土中走来,马俊在实践与调研中受教育;向乡土中走去,她在砥砺奋进中做贡献,她会继续在实践中植根乡土、砥砺担当,在更大的舞台上,讲好中国故事,贡献青年力量!

清华大学支援北京核酸检测数据录入志愿者团队：与时间赛跑，与数字竞速！

文　张艺璇

连续奋战35小时，线上线下联动参与志愿工作593人次，志愿服务总时长3 000小时，5次信息录入工作，最终录入核酸检测信息9万余份……在“志愿北京”网站上搜索“北京市核酸检测数据录入志愿”，会得到这样一串令人惊叹的数字，而这数字背后是支援北京核酸检测数据录入的清华志愿者团队的默默付出与贡献。

这是一支临时组建、临危受命的队伍，却井然有序、不辱使命，他们与疫情竞速，为了在更短时间内控制疫情传播争分夺秒，创造了一串又一串展现清华速度的奇迹数字。

请战书

2020年6月11日，北京市连续55天无本土新增病例的平静被打破，西城区新增一例新冠肺炎确诊病例。随后几日，新增病例流调线索均指向新发地批发市场。在对新发地从业人员主动筛检中，45名咽拭子阳性者被发现，北京疫情防控工作又一次进入紧急时刻。

核酸检测是新冠肺炎诊断的重要依据，快速而全面的筛查是早日控制疫情传播的关键。在北京市进行大规模采样和检测的同时，核酸检测信息数据日益累积，数据录入和统计工作亟待进行。

6月14日晚8点，北京市丰台区核酸检测前线吃紧。在医学院程京院士倡议下，以清华大学医学院、药学院、生命学院全体师生为首的志愿者团队主动请缨，第一时间向北京市政府递交《请战书》：“我们迫切希望加入疫情防控工作中去，为首都疫情防控尽一份心、出一份力！我们一定认真完成各项任务，为首都疫情防控贡献自己的力量。”

工作中的志愿者

自6月中旬起，清华大学开始了支援北京抗疫志愿服务招募工作。“当时并不清楚具体工作内容是什么，只是说参与核酸检测相关的外围工作。”生命学院党委副书记谢莉萍还记得，生命学院的志愿者报名人数在一天之内就达到了120人。

6月25日晚20～24时，清华大学先后接到两批任务，要求紧急录入9万条核酸检测数据。生命学院、医学院及药学院师生迅速牵头响应，连夜组建了来自三个学院的志愿者队伍，校团委志愿中心也在校内广泛宣传号召，截至6月25日共召集了540名志愿者参与到核酸检测数据录入团队之中。540名志愿者被分为14个工作小组，小组内包含线上志愿者(多为居家本科生)与线下志愿者(多为在校研究生)，以线上线下相结合的方式开展志愿工作。

6月26日上午9点，在拿到需要处理的数据后，录入工作争分夺秒地开始了。线下志愿者将前线扫描发送过来的核酸检测人员信息分发给线上志愿者，线上志愿者将相应信息录入统计表格，两两一组交叉核对，再交由线下志愿者进行复校和汇总。

志愿小组组长是维系线上和线下工作的枢纽，医学院2019级硕士生吴新姿就是小组长之一。“我们要依据各组同学人数去合理分配线上线下名额，会根据地区进行统一分类，指导志愿者们如何录入、随时解答问题和突发情况。”吴新姿介绍说。

吴新姿在数据录入工作现场

争分秒

9万份核酸检测数据，包含姓名、地区、手机号、性别、核酸检测条码等多条信息数据，吴新姿不由得感叹线上志愿者们的录入工作“非常烦琐”。

除了数据庞杂，志愿者录入的另一大难题是手写字体的识别问题。因为文件数据信息多为检测者个人手写，这就需要志愿者在录入时进行人工识别。“很多文件字体较为潦草，还有一些条形码被遮盖、扫描不清晰的问题。”识别文字信息成了志愿者们整个录入工作中最耗时耗力的部分。“但是志愿者们非常给力，迅速完成了分配的数据录入工作，甚至当时还一度出现了线上志愿者们数据录入的速度快于拍照速度这一情况。”清华大学团委副书记黄成感叹道。

如何提高拍照速度？为了解决这一问题，大家向打印店求助。“打印店老板听了我们的请求，非常支持学生们的志愿工作，愿意以几乎是成本价的价格帮我们扫描数据。有了四台专业扫描仪的机械化扫描，扫描拍照的速度得以加快。”黄成说。

第一次信息录入工作在晚上进行，线上录入志愿者们工作到了凌晨两三点。作为组长，吴新姿在组员们任务结束后还要坚持做汇总工作，直到第二日下午才基本结束手头的任务。“非常累，很疲劳，像是写了一篇长论文的感觉。”谈到争分夺秒的紧张工作，吴新姿说。

经过连续 35 小时的奋战，9 万份数据全部核对录入完成。志愿者们手工和语音输入相结合，提高了信息录入的速度，录入完成后，大家交替进行核对，确保信息准确性。线下与线上无缝衔接，录入与检校如行云流水。

志愿者正在录入数据

持久战

9 月 29 日上午，北京市举行抗击新冠肺炎疫情表彰大会，清华大学支援北京核酸检测数据录入志愿者团队被评为北京市抗击新冠肺炎疫情先进集体，也成为获得表彰的 308 个先进集体中唯一的高校志愿者团队。

在疫情最紧张的时候，清华大学紫荆志愿者们万众一心、众志成城。作为具有医学相关专业知识储备的志愿者，来自三个学院的同学们在全国各地团结一心地做着同一种工作，通宵达旦为北京市疫情防控做出积极贡献，这些志愿者也成为清华大学支援北京疫情防控的重要力量。

“支援北京核酸检测数据录入是一个紧急的、短期的志愿项目。”黄成说，“但事实上，我们的紫荆志愿者们所做的远不止这些，支援北京核酸检测数据录入只是清华紫荆志愿者积极投身于全国抗疫行动的一个缩影。”

自新冠肺炎疫情暴发以来，清华大学团委志愿中心便组织身在校内的紫荆志愿者们开展校内食堂就餐引导工作，并有向抗疫医护人员子女提供义务教育辅导等志愿服务。“还有很多同学默默无闻、长期奋战在校园疫情防控一线，做着朴实无华的工作，为抗击疫情贡献自己的力量。”黄成感叹说。

辛苦的志愿者工作（一）

生命学院 2018 级博士生伊丽便是这些“身兼数职”的紫荆志

辛苦的志愿者工作（二）

愿者中的一员。2020年春季学期，伊丽先后参与到线上教学志愿者、融合式教学志愿者、就餐引导志愿者、核酸检测信息录入志愿者、全球暑校及暑期拓展营线上志愿者等众多志愿工作之中。除食堂就餐引导外，这些志愿工作伊丽几乎都是从早到晚全程参与，核酸检测数据录入时甚至"从早上睁眼到晚上睡觉前都在干"。

"太多默默付出的人，从老师到同学，人人都在不辞辛苦地努力。"伊丽说。

哪里有需要，就在哪里挺身而出。紫荆志愿者，一直在行动……

任浙豪：发挥个人和集体力量的抗疫人

文　任浙豪

• 任浙豪　清华大学地学系 2018 级博士生

2020 年年初，新冠疫情骤然暴发。从除夕夜坐在电视机前听到各地驰援武汉的信息而焦虑无奈，到听到自己的数据集服务了国务院新闻发布会所提的“三排”工作，任浙豪从大年初四开始，踏上了不断提升个人能力和调动集体力量的抗疫之路。

“我也可以做点什么”

鼠年春节，任浙豪无时无刻不关注着武汉不明肺炎疫情暴发的公共卫生事件，当“人传人”、各地部队除夕夜紧急驰援武汉的信息刷屏电视和网络时，他的内心焦虑到了顶点；每天写代码、处理数据、完善算法的休息间隙，一个问题始终围绕着他——究竟能做点什么，才能给武汉及各地人民带来帮助、服务国家呢？大年初四，终于写完算法开始找新数据验证时，他突然意识到疫情的确诊、治愈和病亡人数将在这场抗击疫情的科学、科普等系列战斗中发挥举足轻重的作用。他立即联系导师，在得到高度肯定和巨大支持后走上了建立免费共享数据库的科技战“疫”道路。

在业界已有相关数据库的背景下，任浙豪通过数据对比发现了不同数据源各自存在的问题，并且挑选了互补数据源、提出了数据融合的方案，成功实现了逐小时绘制一张全国地级市疫情地图的目标。经导师推荐，他凭借该数据库光荣入选了清华大学“流行病学传播预测与对策"科技抗疫突击队。

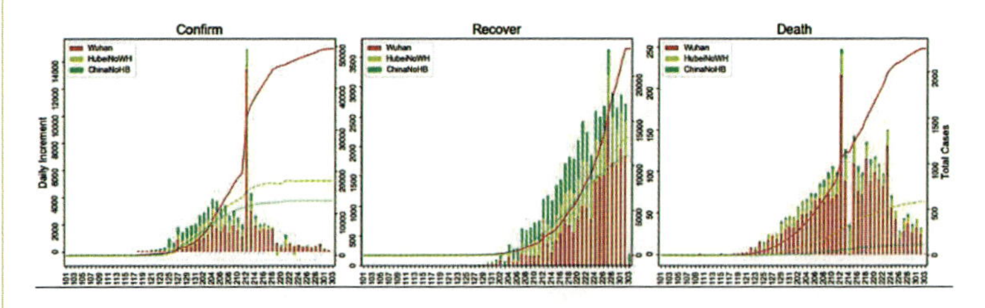

任浙豪牵头建立的中国疫情数据集(图中只区分武汉、湖北非武汉、中国非湖北部分。

数据公开链接:https://cloud.tsinghua.edu.cn/d/8073c55e0dd74ad4bc23/)

合作的上市公司对该数据的高时频和一致性给予了高度评价,任浙豪也在之后取得了对方的局地精细化疫情数据。但是,通过熟练的数据库操作、数据清洗工作可视化后,任浙豪看到某些数据发生异常而迟迟无法解决。在烦躁不已之时,电视里、网络中"救救我爸爸""我还想活下去"等大悲大恸活生生地呈现在任浙豪眼前,他有些吓蒙了——不管他多努力,都无法阻挡生命因疫情而消逝,他陷入了无法自拔的挫败感;自责、愤懑,他失眠了。直到早上例行汇报时,系主任说的那句"我们不是救世主,也成不了救世主"才让他重振,放下了心理负担,舒缓了紧锁的眉头。

调动、发挥集体的磅礴力量

任浙豪意识到,疫情形势如此严峻,青年学生应当咬牙坚持下去,必须要发挥中国共产党人的长征精神,要把这个数据库做到疫情被控制的那一天;他也意识到,个人的力量终究是有限的,要动员所有党员、团员和群众的力量,"紧紧依靠人民群众打赢这场人民战争"。

于是,作为系研团书记和党支部书记,任浙豪连夜联系党支部的其他支委和系研团总支书记会成员，希望能发动更多的力量。这时他才发现，原来老战友们也早就想用实际行动支援湖北的同胞和驰援的医护人员。基于平时营造的良好集体氛围，他充分发挥自身调配资源和知人善任的能力，制定了工程、科学和科普的系列工作。

在党支部层面，他与有计算机专长的同志合作，在工程上更高效地更新了数据库以解放生产力，借助社会感知算法和可视化技术找到切入点直击疫情一线，向大众提供及时而权威的科普。该项工作同步调动了地学系其他支部的积极性，任浙豪便与高年级党支书开始探索支部共建，分享疫情期间各项科研探索的成果，并提出在打好防疫战的同时，要做好打舆论战的准备！

有充分的党群人数基础后，任浙豪发挥了系研团人数众多的优势，部署了县市级乃至全球疫情数据源收集和对比的工作，以文本分析结果为切入点，并且通过收集社会感知数据分析撰写多篇文章发布在校级学生平台，驳斥了国外群体免疫的荒谬言论。此外，他联络院系分管宣传的教师，成功地将进一步扩建的全球疫情共享数据等个人和集体工作及时发布在全系和全校的官方平台，在更大范围内发挥这些数据和分析的价值，而这项工作也最终收到了国内 7 个科研团队的数据应用需求。

地学系、地学研团在校级平台上所发的相关推送

总有春暖花开时

2020 年 2 月和 3 月，在科技抗疫突击队、党支部、研团分身工作的任浙豪每天平均睡眠不足 5 个小时。整日关在房间里、安静地分析处理数据的他，心里早就和全国人民站在一起。那时的他从未感到孤单，他能真切感受到在这片土地上，有太多像他这样的研究生党员与他同行，试图用自己的学科知识和技术切实地服务祖国和人民。

2020 年 4 月，全副武装出门买菜的他，在得知武汉解封的消息的那一刹那，静静地愣在了车里——回忆起早期的挫败感，他不敢相信期待已久的时刻终于到来，那一刻，他泪如泉涌。

征途漫漫，任浙豪深知，战斗远未结束！在中国取得抗疫斗争的重大胜利时，严防输入又成了当下的重中之重。通过科技抗疫突击队和清华大学统计系等团队开展的合作，他再一次贡献了数据集，时至今日仍用于每周撰写境外疫情流行趋势报告并递至海关总署卫生检疫司，为针对性指导全国口岸做好疫情防控工作提供了关键数据支持。

这一次科技战“疫”让任浙豪收获颇多，也成功帮他挖除了心疾。直到许多数据源不再常态化更新的今天，他仍践行着疫情不控制、数据不断更的誓言，并把目光投向了全球，向全球重点国家省市级数据的收集发起了挑战。

基于这段宝贵的经历，他也确定了自己的博士课题，要继续发挥个人能力，团结同行者的力量，在全球变化与人类健康的科研之路上奋斗，做出对祖国、对人民有用的成果！

向致谦：从“五”到“九”，从服务为本到永久奋斗

文　赵越

• 向致谦　清华大学水利系 2019 级博士生

向致谦

提起清华，你会想到什么？

清华的标签太多，无论是其特有的，还是被赋予的。而每个清华人心中，都会有一张独有的与清华相关的词云图。

在向致谦的这张图中，有两个词很醒目：集体、体育。

集体:服务为本

“我觉得你可以尝试一下竞选班长,这段时间你很积极。”大一刚入学不久的班委竞选前,带班辅导员这样对向致谦说。对于辅导员认为的“积极”,向致谦回忆道:“军训期间,我负责把饮用水桶带到操练场地;野营拉练的时候我主动报名尖刀班,和教官们一起为大部队保驾护航。”而谈及当初如此“积极”的原因,他说:“我只是单纯地想为我的班集体,为新相识的同学们服务。”最终,在辅导员的鼓励下,向致谦以水工51班的班长这个身份,开启了他在园子里的社工之旅。

向致谦认为:“第一年的重点是打牢基础,这个基础是班级凝聚力的基础,也是班级特色成长的基础。”他还记得在大学度过的一个节日——中秋节,那也是他第一次离开家过中秋。

每逢佳节倍思亲。为了冲抵同学们思乡的低落与伤感,他组织班里同学们一起热热闹闹过中秋。“第一次组织大伙儿在东操中秋赏月的时候,我们一起做游戏。有同学需要接受惩罚表演节目,那时候表演节目的同学还很扭捏。”

经过一年的情感建设,等到了期末离校回家前的班级聚餐时,向致谦说:“大伙儿聊起天来都特别起劲儿。而且在聚餐不久前的甲团风采展示上,我们齐心协力,以志愿为支部事业,用一年的班团成长故事收获了第一个甲团。”

此后,向致谦所在的水工51支部连续三年荣获系甲团。“从大一到大四,每一届班委都将集体建设作为核心目标。”

“清华园里常说‘独行快,众行远’,我觉得正是因为集体用一根线将个体串了起来,产生了个体总和之外的力量,最终决定了‘远’。”

水工 51 班三次荣获水利系甲团(从上至下为大一到大三)

体育：永久奋斗

向致谦热爱体育运动，从小参加过很多次运动会，虽然从未获得过重要荣誉，但在这个过程中他渐渐把参与体育运动当作一件纯粹且快乐的事情，他感觉自己乐在其中。

在入学教育阶段，向致谦最难忘的是第一堂体育课。“来到清华园,在第一堂体育课上听老师讲解体育的迁移价值,顿感醍醐灌顶。"向致谦说:"一直以来,水利系有优秀的体育传统,体育是水利系班团集体建设的重要抓手。水利体育代表队始终保持着马约翰杯赛事前三的战绩,而东操捧杯的荣耀一直由前辈们口口相传。"

从大一到博二,他始终陪伴着水利系"马杯"比赛。"'马杯'教会我们的不止是争金夺银,最关键的是体魄与人格并重",这句水利系'马杯'的宣传口号,他始终深信不疑。

对于另外一句口号"蓝色风暴,席卷东操",向致谦有更深的感触,他曾为这句口号写下:"蓝色风暴是身体的竞争,无数个'小水人'在体育场馆里超越时间、超越对手、超越自己。蓝色风暴是内在的自由,水利体育的光辉和荣耀指引着我们自信勇敢、追逐梦想。蓝色风暴是群体的归属,一支系队、一个部门、一群人,一起拼,一起为了共同的目标互帮互助、砥砺奋进。蓝色风暴是精神的传承,10 年前怎么拼,10 年后还是这样。"这段话,也是他对清华体育精神的理解,超越、勇敢、自由、团结、奋进。

"正是因为蓝色风暴一直没有放弃拼搏,我们于 2019 年重夺'马约翰杯'田径运动会男团冠军,并于 2020 年在西操重捧'小马杯'。体育让我们明白了永久奋斗的意义。"

2020 年"小马杯"时与水九班合影(第一排右一为向致谦)

传承：集体和体育之外

在班集体建设中，班级委员的付出与奉献是大家共同成长的内部动力，而外部的动力则更多来自班主任和辅导员的积极引领。谈及本科阶段辅导员对他的影响，向致谦说："政治辅导员，一直是我尊敬、敬佩的角色。自 1953 年何东昌老先生给中央高教部、人事部提议建立政治辅导员制度以来，自蒋南翔校长正式提出辅导员制度以来，有众多优秀的前辈们曾在这个岗位上发光发热。"

"我的辅导员有很多，他们在学生中很有影响力，为我们树立了很好的榜样；他们关爱身边的同学，和大伙儿没有隔阂。所以，当站在本科毕业后的社工十字路口时，我毫不犹豫地参加了辅导员选拔。"

当一切尘埃落定后，向致谦给本科的辅导员发消息说："我也成为辅导员了！"

2019 年军训篮球赛水九班荣获三营冠军

两年的带班辅导员工作，向致谦收获了很多成长与感悟，"最大的感悟就是要不断学习，来适应种种变化。做带班辅导的这一年，我在党支部和大家一起学习理论知识，我也报名参加了学生部思教办组织的同心读书会,学习《毛泽东选集》。"

辅导员在互相交流时常自称为"扶倒猿",向致谦对于这个"外号"的理解是:"当同学遇到坎坷挫折的时候,能想起我们,和我们分享,这是做辅导员非常幸福的事情。然后我们去想办法解决问题,实在解决不了也要陪伴同学们渡过难关,让他们觉得自己不会是一个人。"

最后,对自己带的学生,向致谦说:"我想说,能遇到你们是我研究生阶段最大的幸运。我很感谢曾在我面前哭过、笑过的同学们,感谢你们因信任而向我讲述你们的痛楚,感谢你们愿意和我分享你们的快乐。我也会一直努力提升自己,争取晚一点被你们拍在沙滩上。"

谢宗旭：以中华民族之声，唤世界青年共振

文　谢宗旭

• 谢宗旭　清华大学水利系 2019 级博士生

谢宗旭来自多民族共融的国家级贫困县，他始终心系乡土，放眼世界。在参与"脱贫攻坚战"的亲身经历中，他体会到了"一带一路"倡议对人类共同繁荣的宝贵智慧，从"中华民族大家庭"多元共生的历史经验里，他领悟到了"人类命运共同体"伟大构想的时代使命。从黔东南到联合国，谢宗旭对"民族的"与"世界的"辩证关系有着深刻的思考，无论在多么辽阔闪耀的世界舞台上奉献青春力量，他的根永远深深地扎在贵州的大山故里；他的心，也始终牵挂着世界上所有欠发达地区的发展。他坚信，人类文明的整体进步有着不可替代的永恒意义。

"美之为美"：立足贵州山区，促进民族扶贫

"金灿灿的故乡，芦笙声悠扬。"谢宗旭生于贵州麻江，这颗镶嵌在黔东南的苗岭明珠同时也是国家级贫困县。经过 8 年的精准扶贫、5 年的脱贫攻坚战，2020 年 11 月 23 日，谢宗旭的家乡同省内其他 65 个贫困县全部实现脱贫摘帽！党的十九届五中全会又明确指出，巩固拓展脱贫攻坚成果、全面推进乡村振兴是"十四五"时期经济社会发展的主要目标。

谢宗旭的个人成长道路也契合了家乡的脱贫之路。他所在的村子里，汉、苗、畲、仫佬等多民族和睦共存，友爱相处。作为村子

在谢宗旭的家乡黔东南,每年一度的苗族传统芦笙盛会

里第一个走出贵州大山、到清华读书的苗族大学生,他始终记得在到清华报到之前,父亲对他说的那番话:“我抱着让家乡脱贫的决心努力学习,成为现在的扶贫干部。而你的条件比我当年好,始终记得要走出大山、去看更远的世界,还要努力让家乡的父老乡亲们过上好生活。”

家乡雨水较多,为防止贫困户的稻谷烂在田里,
谢宗旭随父亲等扶贫干部帮助贫困户抢收稻谷

将所学与家乡发展实际需要紧密结合起来，是谢宗旭在清华园中努力学习的最大动力与乐趣所在。疫情期间由于无法返校，他便主动请缨来到脱贫攻坚第一线。他到寨子里与扶贫干部们一同帮助乡亲们修建化粪池和水渠，切实改善生活生产条件。谢宗旭还积极响应“黔货出山”号召，通过自己掌握的知识与渠道帮助乡亲们搭建助农平台，让农产品通过便捷渠道销售到全国乃至全世界。疫情期间，谢宗旭还通过自身经历成功说服父亲结对帮扶的畲族贫困户姑娘，让她放弃辍学的念头，她也顺利成为家中的第一个大学生。

扶贫培训是谢宗旭家乡的脱贫攻坚举措之一，谢宗旭主动请缨向农村妇女科普教育的重要性，并帮助贫困户姑娘转变观念、恢复学业

20 多年前，习近平总书记将时在福建宁德工作的经验总结为《摆脱贫困》一书。书中提到，其意义首先在于摆脱意识和思路的“贫困”，摆脱头脑中的“贫困”。谢宗旭对此深以为然，更感到第一个走出大山的自己肩头责任重大，需要通过更丰富的理论知识与实践经验提升自己对“贫困”问题认识的高度。他的爷爷一生务农成为生产标兵，并成为一名光荣的共产党员，但贫困的现实没有改变。他的父亲，努力成为了千千万万扶贫干部中的一员，发挥基层党员的先锋模范作用，成为带领家乡脱贫摘帽的亲力亲为者。而谢宗旭，经过长期的努力，在 2020 年正式成为家里的第三代党

员——他要思考自己对脱贫事业最佳的贡献方式。谢宗旭的家乡依山傍水,水利建设是贵州经济发展的重要推进剂,这让他坚定了投身于水利行业的决心,也是他进入清华读书的初心。

随着家乡的脱贫摘帽工作初步达成,谢宗旭开始致力于探索如何为增进全球发展中国家人民福祉而努力。谢宗旭积极总结家乡扶贫经验,也曾前往同省的赤水、鸡鸣,江西的井冈山、瑞金、于都等地调研实践,还去往尼泊尔、巴基斯坦、乌干达等全世界最为欠发达国家和地区调研。在跨区域、跨国的比较中,他对"贫困"的复杂性和系统性的认识更加深入。作为"一带一路"倡议的发起国,中国在基础设施建设、脱贫攻坚等方面的经验对很多发展中国家而言极具借鉴意义。来自国家级贫困县的谢宗旭见证了家乡的经济发展,也因此怀抱着一颗感恩的心走进各发展中国家的基建一线。他以第一线的经历了解到中国基础建设输出对于非洲国家的重要性,并深刻体会到研究宏观全球治理机制对微观实务具有决定性的指导意义。

"各美其美":夯立固本之基,积蓄青年力量

考上清华那年,谢宗旭第一次来到北京,第一次踏入清华园,那时的他也曾经历种种迷茫与挑战。初入清华申请加入文化交流类社团时,受挫于全英文的面试方式,谢宗旭落选了。虽失落却从未气馁,谢宗旭自此在专业课学习之余每天都坚持学习外语,甚至在大一下学期一口气选了当时所有能够选上的第二外语课程,原因很简单:"大山的孩子,就是有韧劲、不服输!"

渐渐地,从刚进清华时的"不敢开口",到熟练使用英、德、西班牙语,再到参与德文译著若干、在多种国际交流场合应对自如,他甚至还组织清华代表队参加了 2018 年"人民网杯"高校德语配音大赛,当时清华大学代表队也是各大高校参赛队伍中唯一的一支"非专业"团队。面对这样的挑战,时任学生中德文化交流协会会

家乡高铁站在谢宗旭上大学时刚刚建成，每每抵达时，
他都会抓拍一张高铁站旁的苗侗风雨桥

长的谢宗旭和他的团队没有畏难，反而激发了语言和文化交流爱好者最纯粹的满腔热情，从强化口语、选片、剪辑到最后站在比赛现场，他带领团队做了最充分的准备，最终为清华大学赢得第一名的好成绩。排名宣布时，全场为这唯一一支“非专业”代表队爆发出持久的掌声。“那是我从真正意义上重新认识自我的一个标志性事件。”

“清华是一个人才荟萃的广阔平台，在这里自信往往是需要‘重塑’的。对自己的重新审视，要靠不断积蓄能量，更要靠对自己的充分理解和信任。”这是谢宗旭通过自身经历给出的答卷。为了帮助清华园里和他经历过类似困扰的同学提高自信、增强外语学习兴趣，他加入学习与发展指导中心，成为一名写作助理项目咨询师，累计服务中外学生达百余人次，其主讲的工作坊均获得参与学生的广泛好评。

除了对语言能力的打磨，他也点亮了自己舞蹈的发展道路，加入艺术团国标队至今已五载。苗族人民能歌善舞,他在舞蹈上的热情得以尽兴彰显。在队 5 年以来,他积极承担"双肩挑"的责任,从队长再到辅导员,他在强化队员思想引领、推动艺术向美而行方面不断做出贡献。他代表学校参加各级别国标舞演出、比赛、专场并多次获得优异成绩,多次获得综合优秀奖、社会工作优秀奖等荣誉。疫情期间,担任辅导员的他带领队员线上参与"云训练",保持队员业务水平,并先后与舞蹈队合作推出《平凡天使》及国标线上校庆演出节目,向抗疫英雄致敬。

谢宗旭(左一)任国标队长期间参加首都高校体育舞蹈比赛,清华代表队斩获近年最佳战绩,在疫情期间也坚持线上"云训练"

在专业能力上谢宗旭也精益求精,在攻读博士的同时申请兼修了社科学院全球治理硕士项目,力求在专业学术研究上实现微观工程实务与宏观治理理论的结合。他加入 SABRI(清华大学学生"一带一路"研究协会),成长为一位优秀的国际组织青年领袖,具备了丰富的国际活动举办经验与公共外交能力。他加入博士生讲师团,系统学习党和国家的知识,并锻炼自己的公共演讲能力。他加入清华学生艺术团,成为一名在聚光灯下最耀眼的国标舞者,代表清华迈向国际舞台……如今,谢宗旭已经能娴熟地运用五种语言,讲述中国故事,以他独特的文化魅力,收获来自全世界青年的尊重与友谊。同时,直博二年级的他已发表或在投论文 5 篇、在审专利 1 项,并以在读研究生身份入选阿里巴巴 2020"活水学者"。

第一届 Africa-China Youth Symposium 成功举办（前排右二为谢宗旭）

“美人之美”：投身“一带一路”，展现青年担当

如今经过对个人能力的充分打磨，清华已成为实现他远大志向，提升专业素养与全球胜任力的最佳平台。

实践的这条道路正契合了“一带一路”的精神与发展需要，谢宗旭以他的方式孜孜追求着心中的梦。他与卢旺达等国的国际青年组织及青年领袖携手探索中非青年扶贫合作进程，与喀麦隆、津巴布韦、加纳等国青年领袖共同组织青年研讨会，促进中非青年交往；他在菲律宾深入调研棚户区和菲佣生活；他担任队长前往巴基斯坦，在拉合尔实地调研轨道交通“橙线项目”的推进情况，归国之后他组织团队积极总结，形成内参报告和论文等丰厚成果；他参与联合国儿童基金会的实习，通过数据分析帮扶非洲地区贫困儿童。他将发展中国家的声音、将投身于“一带一路”事业发光发热的青年人的声音传播到世界各地，多次获得外交部、中国国际广播电台、人民网、*China Daily*、《亚太日报》、俄罗斯卫星通讯社等海内外重要媒体的报道。

家乡的脱贫发展告诉他，水利行业是提升发展中国家基础设施建设水平的重要部分，要敢于吃苦、培养自己不断克服困难、解决问题的能力。在乌干达期间，谢宗旭一度患上了疟疾。而这并没有让他退缩，在当地工友和学校老师的帮助下，他顺利住进当地医院，并很快调整了个人状态。

住院期间，他想起父亲赠送的一张叫《梦的摇篮》的专辑，收录

谢宗旭(左三)在非洲乌干达"一带一路"项目伊辛巴水电站负责尾渠检修

的都是在他家乡耳熟能详的民歌,令当时远在非洲的他思乡之情油然而生。他又想到那些背井离乡、不远万里毅然前往非洲参与"一带一路"建设的工友,他们也曾经在非洲遭遇过各种困难,但他们都坚持了下来。是那一个个在非洲第一线脚踏实地辛勤奉献的中国人,最终浇灌出了中非友谊之花。而在医院治疟期间谢宗旭也没有停下脚步,每天用笔记本记录下"一带一路"建设一线最为真实的情况,也完成了自己的第一篇学术论文。2019 年本科毕业时,谢宗旭作为水工 53 班的学生代表,向荣誉班主任邱勇校长分享了他在非洲的经历:在非洲的艰难经历并未让他动摇投身于"一带一路"建设的信念,反而让他坚信,正因重重困难的存在,中非友谊才愈显弥足珍贵,因而更加坚定了他投身于"一带一路"建设的梦想。

在伊朗雅尔达之夜接受中国国际广播电台(波斯语频道)采访

“美美与共”：推动抗疫合作，凝聚青年共识

谢宗旭在疫情形势最艰难的时候扛起重担，组织全球学生共同为中国助力，并继而向全球传递正能量，发出来自全球青年的呼声，推动全球青年民心相通。

自疫情暴发以来，时任学生“一带一路”研究协会执行会长的谢宗旭迅速投身到抗击疫情过程中，在短短 24 小时内招募并组织来自近 30 个国家的 70 多名青年志愿者，将抗疫宣传材料翻译成 17 种语言对外传播。期间，谢宗旭坚持与各志愿者保持一对一沟通，了解其参与志愿工作的主要关切，迅速对接志愿者所熟悉的国家及主要资源，组织抗疫在线协调会议 50 余场。谢宗旭还携手中外骨干同多方共同组织中尼、中伊抗击疫情等在线论坛，受众逾 4 000 人次。此外，协会还组织内部募捐并从俄罗斯、伊朗、巴基斯坦等多地对接医疗物资到疫情一线，雪中送炭的温暖得到了来自黄冈市新冠病毒肺炎疫情防控指挥部、意大利 SACCO 医院等机构的感谢信。其中，湖北黄冈市和尼泊尔奇提普市政府在共同参与“中尼携手、共抗疫情”在线会议之后甚至达成友好城市协定，谢宗旭作为青年领袖代表见证了双边友好城市的达成仪式。一切抵御风雨的努力与付出，最终迎来了国际友谊之花的绽放。

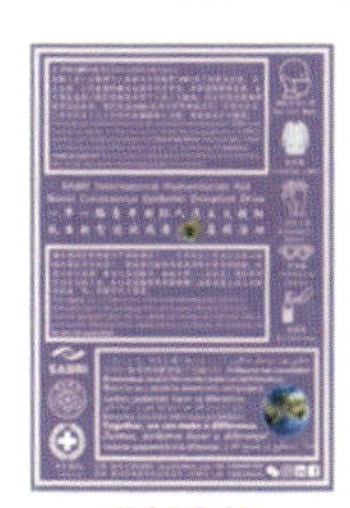

募捐海报

微信工作群

社交媒体

抗疫在线研讨会

在短短 24 小时内招募并组织来自近 30 个国家的 70 多名青年志愿者参与抗疫，并将抗疫宣传材料翻译成 17 种语言，疫情期间组织线上抗疫协调会议 50 余场

2020 中尼抗击疫情论坛、谢宗旭（中）在友好城市缔结仪式致辞及黄冈市政府感谢信

来自上合组织秘书长及各国大使的寄语

如今谢宗旭继续带领团队前行，积极构建更有影响力的国际青年平台，促进全球青年交往，向世界发出青年的声音。历经数月的抗疫坚守，谢宗旭带领的 SABRI 团队收到了上合组织秘书长及埃塞俄比亚、尼泊尔、伊朗、阿富汗等多国驻华大使的寄语，鼓励他们继续发展、推动中外青年交流。疫情期间，谢宗旭还积极加入博士生讲师团主讲《同心战疫，命运与共——疫情中的青年力量》，传递光与热，并在中央广电总台、中华网、《中国日报》、学习强国、《光

明日报》等国内外多家媒体平台发声，号召中外青年共同抗击疫情，推动海内外更多青年关注、了解、参与“一带一路”合作。

谢宗旭于巴基斯坦拉合尔大清真寺

在《梦的摇篮》里，他最喜欢的歌是《太阳鼓》。太阳鼓是苗族的图腾，鼓点深沉，鼓声浑厚，扣人心弦，震颤灵魂。里面有句歌词“闻一闻满山梁/天空洒下的希望/满世界的百花香”，每当听到这里，他又想到小时候自己依偎在奶奶怀里，奶奶一边唱着山歌一边告诉他，远方的世界多大。在“知与行”的丈量中，谢宗旭逐渐明白，角落之中尚有更偏远的一隅，天边之外尚有天。一如云贵高原之中的国家级贫困县，一如清华园之外的国际舞台。而一路走来的他，和五湖四海相遇相汇的每一个“自己”，正是连接中华民族与世界的鲜活纽带、描画人世万千的像素点。“人类命运共同体”的浩瀚星空，正要从这一颗颗闪烁的繁星构建起。谢宗旭已坚定地踏上了这一征程，砥砺前行。

周作勇：捐献造血干细胞、6次献血、参军入伍，这位清华毕业生的故事够硬核！

文　韩瑞瑞

• 周作勇　清华大学环境学院2020级硕士生

他来自黄土高原上一个小小村落，凭借不懈奋斗以优异的成绩考入清华；

读书期间参军入伍，曾在中印边境局势紧张的形势下毅然选择去西藏服役，一腔热血，报效祖国；

他热爱公益，乐于助人，在读期间曾6次献血，将爱心献给素昧平生的人；

毕业之际，他决定捐献造血干细胞，勇敢坚毅，奉献无悔；

他，就是清华大学环境学院的周作勇。

我愿做那个"负重"的人！

2020年7月6日早上8点半，周作勇平静地躺下，一躺就是四个小时。医务人员在他的两只手臂上各插入一根粗粗的针头，血液流了出去，又从另一边输回体内，分离出230毫升能够拯救生命的造血干细胞。

看着循环流动的血液，周作勇想象着，很快它们就将被输进另一个素不相识的人的身体里，带去鲜活的生命——他因此感到一阵激动和温暖。

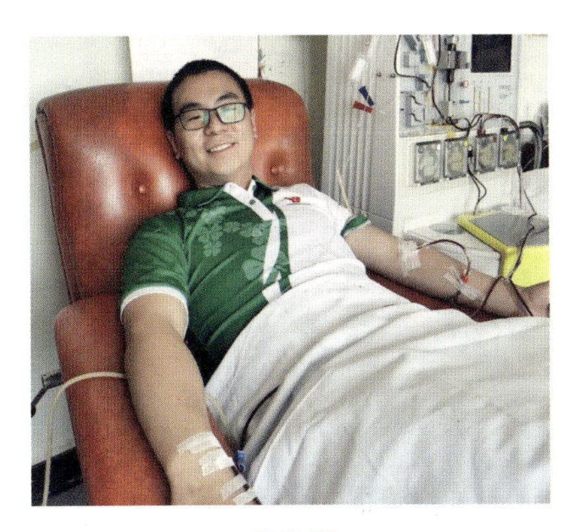

周作勇

2020年3月的一天，因为疫情在家学习的周作勇，突然接到了北京红十字会工作人员的电话，告诉他的造血干细胞与某一位患者初配成功了，向他征求捐献意愿。

早在2016年，清华大学组织献血时周作勇便加入了中华骨髓库，时隔多年，“没想到这十万分之一的小概率事件被我给碰上了”。

他没有丝毫犹豫：“肯定捐！这不是选择的问题，而是运气的问题，如果其他同学遇到这种情况，肯定也不会推辞！”

在北京风险等级下调、疫情呈现稳定趋势的时候，他随即申请返校，做了高分辨配型与体检，结果显示符合捐献要求。

“当时心里真是高兴，我觉得人的一生总是要经历各种波折坎坷，但终会有更多的人伸出援手，所以这个世界总是充满了希望。”

害怕父母担心，周作勇没有提前告诉家人，当听闻患者已经进入无菌舱时，他知道，这个时候出了任何问题，代价就是一条生命。直到捐献结束，他才向父母交待实情。

周作勇自2014年考入清华，在校期间他累计献血6次，将2400毫升血与爱心献给素昧平生的人。

“清华里有很多师生都在献血，并不是我一个人的行为，在此之前清华也有4位捐献造血干细胞的同学。在这样氛围的校园里成长，是一件很幸福的事情。”周作勇说，“我记得有句话说，哪有什么岁月静好，不过是有人替你负重前行，我也愿做那个负重的人。”

周作勇献血后的照片

磨炼是对生命最好的滋养

周作勇学习刻苦认真,成绩良好,社会实践也不落下。他曾担任环境学院环41班长、环4党支部组织委员、清华大学学生马克思主义学习研究协会副会长和学生屋顶农场协会会长,带领“GROOF”屋顶农场实践支队、“重走长征路”实践支队,分别获得校级铜奖和金奖,荣获“全国大学生百强实践团队”称号,并组织“追寻伟人足迹”联合实践支队,三次入选实践梦想计划。

周作勇(左一)与同学们参加社会实践

2017 年 9 月，出于内心从未改变的向往与追求，周作勇决定暂停学业参军入伍，在中印边境局势紧张的形势下，毅然选择去西藏服役，并在边境地区驻守 11 个月。

周作勇参军入伍

在部队两年期间，周作勇刻苦训练、表现优异，连续两年获评“优秀义务兵”，获三等功提名，完成一次便携式地空导弹实弹射击任务，投稿军事学术一篇，并为全旅官兵交流授课。

两年时光如白驹过隙，如今回首，有辛酸、有甘甜，但是他从未后悔过自己的选择。

周作勇在部队的照片

"要走向广阔的天地。只有跳出舒适区,才能更快成长,磨炼是对生命最好的滋养。"周作勇说。

慎终如始,初心不改

周作勇来自黄土高原上一个小小村落,少年时唯一的哥哥生了一场大病,从那时起,他就自觉扛起了赡养父母、照顾家庭的重担。

高中三年,他很少分心,全力以赴拼搏学习。功夫不负有心人,他以全县第一名的成绩考入清华大学。大学期间,他依然奋力拼搏、成绩优异,并积极参与社工活动。

从农村走向清华,除了自己的努力,周作勇知道是父母的支持以及老师、学校、社会好心人和校友的帮助让他得以走到现在。正是珍惜这份恩情,他希望通过自己的一点付出来回馈他人。

本科毕业后,周作勇继续在其本科班主任环境学院张潇源老师课题组下攻读硕士学位,"热爱我环境,广大我事业",他将在环保事业的建设中继续努力前行。

周作勇(左)本科毕业时的照片

周作勇很喜欢鲁迅曾说的一句话:"无尽的远方,无数的人们,都与我有关。"他深深明白这个道理,生逢伟大的时代,是我们所有人的幸运；建设伟大的事业，是我们所有人的责任。

慎终如始，初心不改，周作勇的脚步不停追求进步；保持乐观、乐于助人，牢记清华人的使命与担当，努力做一个经得住时代考验的热血青年。

青春，因奋斗而绚丽，更因奉献而绽放光彩！

朱滢：做亲近土地的文化传播者

文 杨沁丰

• 朱滢 清华大学美术学院2018级本科生

“大家好，我是来自美术学院艺术史论系的朱滢。做实践的初心其实很简单，我是艺术史论系的学生，论从史出，有一份材料说一份话，我深深地明白，不扎根于中国大地，就研究不好中国的艺术史论……”

朱滢依旧清晰地记得在自述与答辩中最前面的一段话，这是她的实践原则，也是她的人生信条。

朱滢

三入景宁：挖掘民族文化力量

出于自小对少数民族及非物质文化遗产的热爱与专业志趣，2019 年寒假，朱滢加入了“凤语霓裳”畲族语言与服饰文化调研支队，前往浙江丽水景宁畲族自治县进行调研实践。这里是整个华东地区唯一的少数民族自治县，博大包容着多项传承悠久的民间艺术。经过三小时盘旋山路车程抵达的原始小村吴布，就是她与少数民族非遗文化的第一次亲密接触。

“我喜欢与这些性格鲜明而各具特点的人（少数民族手艺人）交流，他们热情质朴，也让我从民族视域中窥见真实的社会问题。”

由于心心念念这块土地，2019 年暑假朱滢组建支队“畲忆重构”再次来到景宁畲族，在调研畲族传统手艺文化的传承状况与全域旅游规划方案的实际进展的基础上，尝试从单纯的理论走向鲜活的实践。发挥队伍优势特长，组织支队进行设计规划，为民族村落的发展攻坚出绵薄之力、尽热切之心。实践过程可谓不易但有意义，其间种种辛酸坎坷或是欢声笑语，至今仍历历如昨日，“猪圈旁”做调研，“蚊虫飞舞的后山”拍短片，“突突车”上做访谈……8 月底，她第三次来到景宁，将实践报告、设计方案整合后反馈给当地，让成果切切实实得到转化。

朱滢（右三穿红衣者）在畲族刺绣协会体验畲绣工艺

"我希望能通过一次次的深入调研,找到民族村落发展的共性问题,让景宁畲族'打个样'。"

学术参与求真知,海外视角寻经验

三入浙西南,让朱滢明白了下田野的重要性,但也意识到自我认知的有限,她期望在不断的求索中获得更专业的知识支撑——参与浙江省"非遗薪传"学术研讨会、参与"乡村振兴,青年先行"大学生行动总结分享会,在与政府和大学生群体的座谈中分享经验,并看到了基层做出的努力:雏燕返乡,基层实习与入村实践结合,肯定青年视角,重视学生力量。

2020年年初她前往日本,寻找这个一衣带水邻邦之国的文化保留经验,从寺院文物寄存制度、博物馆民间工匠进驻修复制度到学生公开环境下的艺术创作……

"我关注的是这里传统遗留的历史痕迹与现代工业设计思想的平衡把握,于建筑,于规划,于人文,文化碰撞产生的冲击力对我观念的影响是巨大的。"

支队在畲族村庄

支队每晚都会召集起来，用 2 个多小时总结交流当天所见所思，并通过查阅资料丰富知识体系。指导员王小茉老师从专业角度对每次发言作出点评，将实践与课程结合，为支队成员们别开学术之生面以广博智识。日本之行，让朱滢的“实践—学术”转化思维得到锻炼。

回归本土：传播文化核心价值

且观他者，是为了更好地传播本土文化。2020 年暑假，朱滢组建“圆桌博艺”美术学院校友访谈支队前往苏州、北京展开实践，形成了大量的校友访谈稿。

“美术学院的罗老师和我说，她看完我们写的稿子觉得很美好，有力量。支队自行策划拍摄的《故宫里的清华美院人》视频与稿件出来后，校党委宣传部和海外办公室的老师也在一直跟进。”

在一次次触碰历史、邂逅文化中，她走近了木雕、老银、彩带、苏绣、皮影、漆器这些文化瑰宝，也走进这些文化从业者的内心世界：从故宫里好古琴的文物修复师到郊区京西皮影园里有着矛盾心理的袖珍表演者，从畲族山村里自小就执着于古物搜集的雕工小伙到金鸡湖畔苏绣家学熏陶下的创新传承人……

每一次实践，她都将这些故事记录下来。

“我是个喜欢文字的人，文字很有力量，新闻学院胡钰老师上课时说过一句话：‘写下的是世界，表达的是自己。’我有幸看见甚至体验这么多不一样的人生，将人物的鲜活多面记录下来对我来说是特别幸福的事情，而形成群像，让这些访谈成为信源依据，这些文稿就被赋予了更深层的社会意义。”

中国人的精神信仰永远都扎根在土地上，走的路程愈远、走的地方愈多，她愈觉身为清华人理应以所知所学让这发生在厚重泥土间、穿越历史的文化故事能为更多人所知所感。

朱滢(左)在苏州访谈苏绣传承人

“我感激与每一次实践的相遇，这让我更明白自己的角色：做好实干家，做好传播者，让改变发生，让故事呈启。”

朱滢(左二)在故宫博物院拍摄《故宫里的清华美院人》

自强不息

厚德载物

美哉我少年清华，与天不老

壮哉我清华少年，与国无疆